1+X 证书制度试点培训用书

制造执行系统实施与应用

北京新奥时代科技有限责任公司　组编

电子工业出版社
Publishing House of Electronics Industry
北京·BEIJING

内 容 简 介

本书依据智能制造和工业互联网领域对制造执行系统技能型人才的迫切需求，配合职业院校的课程建设和人才培养工作，依据教育部落实《国家职业教育改革实施方案》的相关要求，以客观反映现阶段行业的水平和对从业人员的要求为目标，从制造执行系统认知、制造执行系统应用平台、数据采集及数据库四个方面，系统地介绍了制造执行系统的组成、功能、用途和操作，使学生掌握制造执行系统的应用技能，理解基于制造执行系统的数字化车间运行管理办法。

本书既可作为1+X证书制度试点工作中的制造执行系统实施与应用职业技能等级标准的教学和培训的教材，也可作为期望从事制造执行系统实施与应用工作人员的参考用书。

未经许可，不得以任何方式复制或抄袭本书之部分或全部内容。
版权所有，侵权必究。

图书在版编目（CIP）数据

制造执行系统实施与应用 / 北京新奥时代科技有限责任公司组编. —北京：电子工业出版社，2022.1
ISBN 978-7-121-42807-4

Ⅰ.①制… Ⅱ.①北… Ⅲ.①制造工业—工业企业管理—计算机管理系统—高等职业教育—教材 Ⅳ.①F407.406.14

中国版本图书馆 CIP 数据核字（2022）第 018365 号

责任编辑：胡辛征
印　　刷：保定市中画美凯印刷有限公司
装　　订：保定市中画美凯印刷有限公司
出版发行：电子工业出版社
　　　　　北京市海淀区万寿路173信箱　　邮编：100036
开　　本：787×1092　1/16　　印张：7.75　　字数：200千字
版　　次：2022年1月第1版
印　　次：2022年1月第1次印刷
定　　价：32.00元

凡所购买电子工业出版社图书有缺损问题，请向购买书店调换。若书店售缺，请与本社发行部联系，联系及邮购电话：（010）88254888，88258888。
质量投诉请发邮件至zlts@phei.com.cn，盗版侵权举报请发邮件至dbqq@phei.com.cn。
本书咨询联系方式：（010）88254361 或 hxz@phei.com.cn。

前 言

2021年10月，中共中央办公厅、国务院办公厅印发了《关于推动现代职业教育高质量发展的意见》。意见中提到，深化教育教学改革，要改进教学内容与教材。完善"岗课赛证"综合育人机制，按照生产实际和岗位需求设计开发课程，开发模块化、系统化的实训课程体系，提升学生实践能力。深入实施职业技能等级证书制度，及时更新教学标准，将新技术、新工艺、新规范、典型生产案例及时纳入教学内容，把职业技能等级证书所体现的先进标准融入人才培养方案。

《国家职业教育改革实施方案》要求把职业教育摆在教育改革创新和经济社会发展中更加突出的位置。对接科技发展趋势和市场需求，完善职业教育和培训体系，优化学校、专业布局，深化办学体制改革和育人机制改革，鼓励和支持社会各界特别是企业积极支持职业教育，着力培养高素质劳动者和技术技能人才。

实施1+X证书制度，培养复合型技术技能人才，是应对新一轮科技革命和产业变革带来的挑战、促进人才培养供给侧和产业需求侧结构要素全方位融合的重大举措；是促进职业院校加强专业建设、深化课程改革、增强实训内容、提高师资水平、全面提升教育教学质量的重要着力点；是促进教育链、人才链与产业链、创新链有机衔接的重要途径；对深化产教融合、校企合作，健全多元化办学体制，完善职业教育和培训体系有重要意义。

新一轮科技革命和产业变革的到来，推动了产业结构调整与经济转型升级新业态的出现。战略性新兴产业在爆发式发展的同时，也对新时代产业人才培养提出了新的要求与挑战。为贯彻落实《关于推动现代职业教育高质量发展的意见》《国家职业教育改革实施方案》，积极推动1+X证书制度实施，北京新奥时代科技有限责任公司联合工业和信息化部教育与考试中心组织编写了本书。本书依据教育部有关落实《国家职业教育改革实施方案》的相关要求，以客观反映现阶段行业的水平和对从业人员的要求为目标，在遵循有关技术规程的基础上，以专业活动为导向，以专业技能为核心，以行业龙头企业骨干工程师、高职和本科院校的学术带头人为主要编写团队，以《制造执行系统实施与应用职业技能等级标准》的职业素养、职业专业技能等内容为依据，按智能制造工业互联网背景下的制造执行系统（Manufacturing Execution System，MES）实施、应用和技术支持岗位的人才培养需求，按照账户管理、组织架构及人员管理、设备管理、物料管理、仓库管理、工艺管理、生产管理、质量管理几大制造运行管理范畴组编。

由于编者水平有限,书中不足之处在所难免,欢迎广大读者批评指正、不吝赐教。

编 者
2021 年 11 月

目 录

第1章 制造执行系统认知 ··· 1
 1.1 数字化车间 ··· 1
 1.2 MES 的发展 ·· 4
 1.3 MES 的定义及功能 ··· 5

第2章 制造执行系统应用平台 ·· 12
 2.1 账户管理 ··· 13
 2.2 组织架构及人员管理 ··· 18
 2.3 设备管理 ··· 26
 2.4 物料管理 ··· 39
 2.5 仓库管理 ··· 50
 2.6 工艺管理 ··· 57
 2.7 生产管理 ··· 65
 2.8 质量管理 ··· 78

第3章 数据采集 ·· 91
 3.1 控制层数据采集 ·· 91
 3.2 管理层数据采集 ·· 96

第4章 数据库 ··· 99
 4.1 数据库概述 ·· 99
 4.2 数据库维护 ·· 109

参考文献 ··· 117

第1章 制造执行系统认知

知识目标

1. 了解数字化车间的含义、分类和特点。
2. 了解数字化车间的 MES 应用。
3. 了解 MES 的由来、发展现状及未来发展趋势。
4. 掌握 MES 的定义及功能。
5. 了解 MES 数据采集的方式。
6. 了解数据库与 MES 的关系。

学习内容

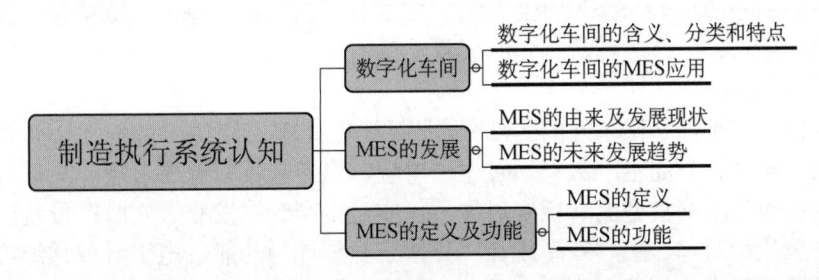

```
                          ┌─ 数字化车间 ─┬─ 数字化车间的含义、分类和特点
                          │              └─ 数字化车间的MES应用
制造执行系统认知 ─────────┼─ MES的发展 ──┬─ MES的由来及发展现状
                          │              └─ MES的未来发展趋势
                          └─ MES的定义及功能 ┬─ MES的定义
                                             └─ MES的功能
```

1.1 数字化车间

1.1.1 数字化车间的含义、分类和特点

1. 数字化车间的含义

数字化车间是数字化、网络化技术在生产车间的综合应用,它将人员、设备、生产物料、生产过程、设计研发过程与企业资源计划(Enterprise Resource Planning,ERP)系统、MES、仓库管理系统(Warehouse Management System,WMS)等系统进行信息互联,形成综合信息集成制造系统,从整体上改善生产的组织与管理,提高制造系统的柔性,提高设备的生产效率及利用率。

2. 数字化车间的分类

数字化车间可以分为车间生产控制和现场执行两个部分。车间生产控制是数字化车间的核心，通过 ERP 与 MES 实现，主要进行生产计划控制和执行。车间生产控制主要完成车间的人员调配、劳动组织、生产调度、产量控制、质量控制、成本控制、工艺反馈与改进、质量分析、生产统计、定额核算、安全生产、现场管理等整个车间生产管理与执行控制任务。现场执行是数字化车间的基础，由车间的基础要素，即人员、设备、物料、生产执行等构成，主要强调的是生产过程执行及生产数据产生。

3. 数字化车间的特点

1）管理数字化，生产数据与管理数据高度集成

生产数据采集形成比较完整的联网传输，通过 MES 实时获取设备状态、生产人员状态、生产物料需求计划、半成品及成品产出计划、质量管理等基础信息，然后将这些信息与 ERP 共享，完成生产数据的集成；管理数据下发也由系统互联完成，通过 ERP 将供销订单、物料供应、现有库存、人力资源的信息进行统一调控，然后将销售订单、采购到货情况、物料储备情况、半成品和成品库存等信息传输至 MES，完成管理数据下发工作。这种信息的互联打破了各节点的信息孤岛状态。

2）排产智能化、采集自动化、物料精细化

MES 通过条码技术或 RFID（Radio Frequency Identification，射频识别技术）跟踪车间从物料投产到成品入库的整个生产流程，实时记录并监控生产工序、加工任务完成情况、人员工作效率、劳动生产率情况、设备、产线开动情况、产品合格率、废品率情况、产品产量、入库情况。车间的人员、物料、产品、设备、生产过程各环节都有相应的数据自动采集、流程控制，通过 MES 与 ERP 配合，完成人员自动排班排产、物料需求预判、设备点检巡检周期提示、生产过程数据定时采集汇总。

3）现场看板化

电子看板系统是数字化车间的一部分，是目视化管理、及时准时化管理、可视化管理、精益生产的一部分，车间生产数据通过生产看板、设备看板、仓库看板、安灯看板、质量看板、采购看板等不同类型的看板实时展示，实现生产计划发布、实时产量统计、产线异常通知、处理流程跟踪、生产效率统计、异常状况统计等功能。电子看板系统可以帮助车间管理者及时将生产计划发布到各生产线，实时掌握各生产线的产量数据，统计及分析生产效率；对异常处理的过程进行实时跟踪，督促相关人员及时处理，提高效率。

1.1.2 数字化车间的 MES 应用

MES 是数字化车间的功能实现的基础。如图 1-1 所示，MES 纵向连接 ERP 与现场生产，横向连接采购和销售，侧向连接技术研发和产品交付的核心软件（产品设计和技术支持）。作为连接企业上层 ERP 系统和下层生产控制系统的信息枢纽，MES 主要负责生产管理和调度执行。一方面，管理"人、机器、物料"等基础信息，确保生产按计划执行；另一方面，从生产现场实时采集并处理生产数据，监控生产状态及生产异常，分析并反馈生产绩效，同时涵盖库存、物流等生产上下游环节的基本功能，从而有效地弥补了制造业计划层与控制层之间的管控"断层"。

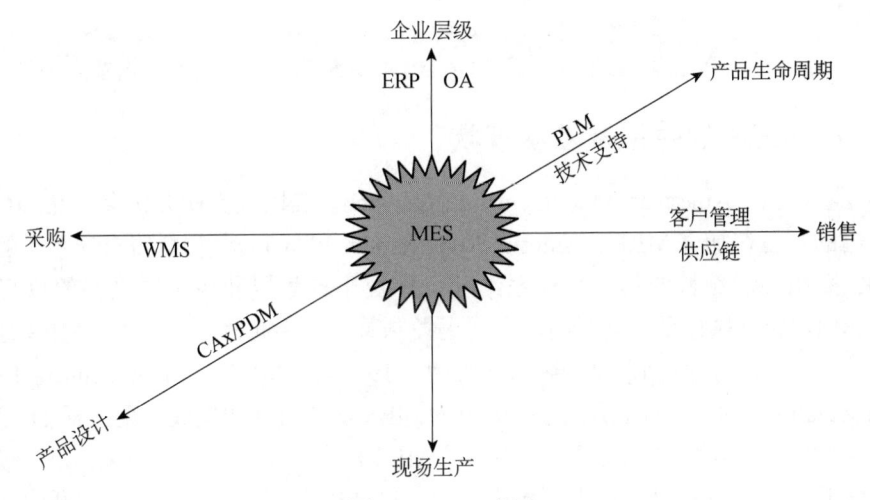

图 1-1 MES 应用

数字化车间 MES 主要着力解决传统车间面临的以下五大难题。

1）生产计划复杂

（1）效率低，工作量大，周期长。

（2）生产计划执行准确性不高，生产工单准时完工率过低。

（3）计划人员很难得到实际生产进度的准确信息。

（4）沟通成本高。

（5）计划调整难度比较大。计划变更或者紧急插单时，需重新评估整个生产计划。

2）生产过程不透明化

（1）生产过程中存在很多异常因素，导致生产实际与生产计划脱节。

（2）整个生产加工过程处于黑盒状态。

（3）无法实时监控瓶颈设备和提高其生产效率。

3）生产过程数据收集困难

（1）无法准确反馈车间现场的原始数据。

（2）无法了解详细生产制程数据。

（3）车间现场生产数据都靠手动统计，费时费力，准确率低，时效性差。

4）产品高质量、高可靠性的要求得不到满足

（1）在生产过程中，无法及时、准确地跟踪产品生产过程，无法满足产品高质量、高可靠性生产的需求。

（2）在产品批次生产中，无法采集、监控各产品批次的生产过程，导致各产品批次质量参差不齐。

5）报表决策分析困难

（1）生产管理层所需生产进度报表、员工工时报表、产品合格率报表、设备等都通过手工统计，难以满足追求效率的车间管理的需求。

（2）基于对车间现场原始数据的收集为车间量身定制分析报表需要的生产成本统计、生产计划达成率、准时出货率等报表，现阶段也缺少必要的原始数据，如实际的设备工时和人工工时，导致生产成本的准确性不高。

1.2 MES 的发展

1.2.1 MES 的由来及发展现状

MES 是 AMR（American Manufacturing Research，美国制造研究协会）在 20 世纪 80 年代末提出的，旨在加强 MRP（Material Requirement Planning，物料需求计划）的执行功能。AMR 提出三层结构的信息化体系结构，将位于计划层和控制层之间的执行层称为 MES，把 MRP 通过执行系统同车间作业现场控制系统联系起来。很显然，MES 自被提出之日起，就定义了自身的使命：为连接中枢而生。1997 年，MESA（Manufacturing Execution System Association，制造执行系统协会）提出的 MES 功能组件和集成模型包括 11 个功能。这一时期，大量的研究机构、政府组织参与了 MES 标准化工作，进行相关标准、模型的研究和开发，其中涉及分布对象技术、集成技术、平台技术、互操作技术和即插即用技术。2004 年，MESA 更新了 MES 模型，提出了协同 MES 体系结构（c-MES），该模型侧重核心业务活动与业务运行交互集成。

以下为 MES 发展现状。由于欧美国家在 MES 方面起步比较早，已经给相关企业带来了巨额利润。从 20 世纪 80 年代后期至 1994 年，T-MES 市场销售以 23% 的比例逐年递增，达到 13 亿美元，集成的 MES 比专用的 MES 年增幅大 10 个百分点；1995 年，MES 市场迅速扩大，比 1994 年增长 50%，传统型的 MES 的市场占有率达到 10 亿美元，出现集成型的 MES 增幅不如专用 MES 增幅的情形；1999 年，MES 已经达到 35 亿美元的市场份额。MES 在发达国家推广得非常迅速，并给工厂带来了巨大的经济效益。2020—2024 年，有人预测全球 MES 的市场规模将以 13% 的年复合增长率扩大，并增长到 103 亿美元。从国内市场来看，我国国内市场明显落后于西方发达国家国内市场。

总的来说，我国市场对 MES 还没有做好充分的准备。中国一大部分制造企业还过度依赖人力进行生产，因此收集完整可靠的、经过过滤和分析的信息非常困难。而且，制造企业的信息系统都是由许多独立、多品牌的子系统组成的，包括基于事务处理的子系统（如 ERP）和许多基于实时操作的工厂子系统，集成的难度非常高。

1.2.2 MES 的未来发展趋势

通过分析国内外 MES 市场的现状，可以得出以下几点结论：MES 领域市场逐步趋于理性，对行业背景、实施经验和实施周期的要求日趋提高，国内制造企业对 MES 功能及 MES 产品成熟度等要求越来越高，只具备基本功能的 MES 已经不能满足所有企业的需求。随着企业信息化应用的逐步深入，为提升企业核心竞争力，应用高级排程技术、支持网络化异地制造技术，以及具有进行精细化管理、差异化管理、适用柔性制造应用模块的 MES 越来越为市场所关注。MES 竞争的焦点已经从原来的重价格、重服务，转为能够为客户提供拥有先进的管理思想与理念、拥有行业技术诀窍、提升管理水平的整体解决方案。如图 1-2 所示，MES 从标准、功能、实施、管理上都朝着标准化、专业化、平台化、智能化的方向发展。

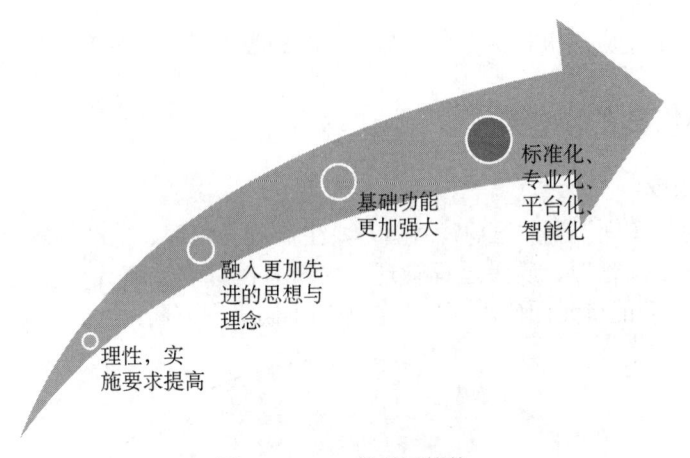

图 1-2 MES 的发展趋势

1.3 MES 的定义及功能

在了解了数字化工厂、MES 在其中的应用及发展后，下面介绍 MES 的定义及功能。

1.3.1 MES 的定义

国内外不同组织都曾对 MES 的理论及体系做出定义，比较著名的有以下几个。

1）AMR 对 MES 的定义

AMR 将 MES 定义为"位于上层的计划管理系统与底层的工业控制之间的面向车间层的管理信息系统"，它为操作人员和管理人员提供计划的执行、跟踪，以及所有资源（人、设备、物料、客户需求等）的当前状态。

2）MESA 对 MES 的定义

MES 能通过信息传递对从订单下达到产品完成的整个生产过程进行优化管理。当工厂发生实时事件时，MES 能对此及时做出反应、报告，并用当前的准确数据对它们进行指导和处理。这种对状态变化的迅速响应使 MES 能够减少企业内部没有附加值的活动，有效地指导工厂的生产运作过程，从而使其既能提高工厂的及时交货能力，改善物料的流通性能，又能提高生产回报率。MES 还通过双向的直接通信在企业内部和整个产品供应链中提供有关产品行为的关键任务信息。

MES 的定义强调了三点内容：MES 是对整个车间制造过程的优化，而不是单一地解决某个生产瓶颈；MES 必须提供实时收集生产过程中数据的功能，并做出相应的分析和处理；MES 需要与计划层和控制层进行信息交互，通过企业的连续信息流来实现企业信息全集成。

3）我国行业标准对 MES 的定义

2006 年，我国信息产业部（现为工业和信息化部）发布了《企业信息化技术规范 制造执行系统（MES）规范》（SJ/2 11362—2006），规范中对 MES 的定义："MES 能通过信息传递对从订单下达到产品完成的整个生产过程进行优化管理。当工厂发生实时事件时，

MES 能够及时作出反应、报告，并根据当前的准确数据进行指导和处理。"

1.3.2 MES 的功能

1. MES 的组成

MES 主要包括车间资源管理、库存管理、生产过程管理、生产任务管理、生产计划与排产管理、物料跟踪管理、质量过程管理、生产监控管理、统计分析几大功能模块，如图 1-3 所示。每个功能单元面向车间生产管理的不同管理方向。

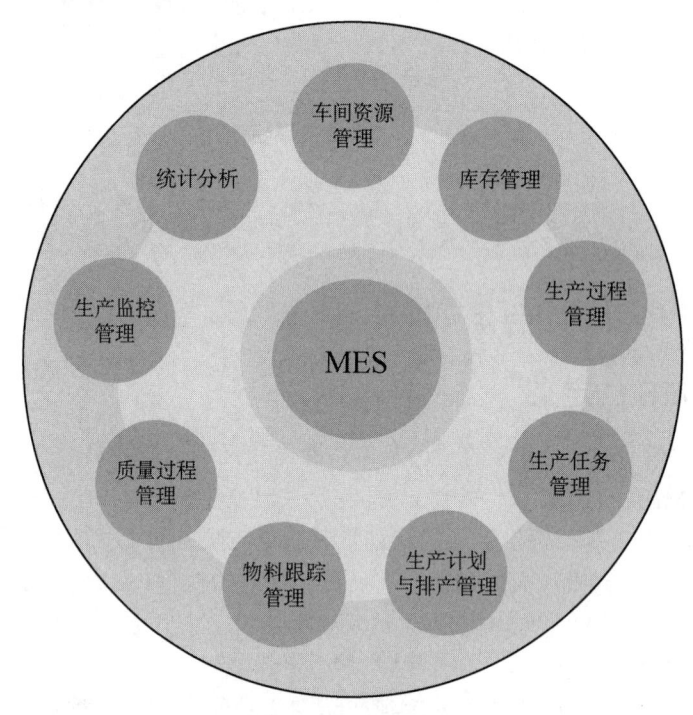

图 1-3 MES 的组成

1）车间资源管理

车间资源是车间制造生产的基础，也是 MES 运行的基础。车间资源管理主要对车间人员、设备、工装、物料和工时等进行管理，保证生产正常进行，并提供资源使用情况的历史记录和实时状态信息。

2）库存管理

库存管理针对车间内的所有库存物资进行管理。车间内物资有自制件、外协件、外购件、工装和周转原材料等。库存管理的功能包括：通过库存管理实现库房存贮物资检索，查询当前库存情况及历史记录；提供库存盘点与库房调拨功能，原材料、刀具和工装等库存量不足时设置警告；对库房零部件进行出入库操作，包括工装的借入、归还、报修和报废等操作。

3）生产过程管理

生产过程管理能实现生产过程的闭环可视化控制，以减少等待时间、库存和过量生产等浪费。生产过程中采用条码、触摸屏和机床数据采集等多种方式实时跟踪计划生产进度。生产过程管理旨在控制生产，实施并执行生产调度，追踪车间中工作和工件的状态，对于当前没有能力加工的工序可以外协处理，实现工序派工、工序外协和齐套等管理功能，可通过看板实时显示车间现场信息及任务进展信息等。

4）生产任务管理

生产任务管理包括生产任务接收与管理、任务进度展示和任务查询等功能。提供所有项目信息，查询指定项目，并展示项目的全部生产周期及完成情况。提供生产进度展示，以日、周和月等展示本日、本周和本月的任务，并以颜色区分任务所处阶段，对项目任务实施跟踪。

5）生产计划与排产管理

生产计划是车间生产管理的重点和难点。提高计划员的排产效率和生产计划的准确性是优化生产流程及改进生产管理水平的重要手段。

车间接收主生产计划，根据当前的生产状况（能力、生产准备和在制任务等），生产准备条件（图纸、工装和材料等），以及项目的优先级别及计划完成时间等要求，合理制订生产加工计划，监督生产进度和执行状态。

高级排产工具（APS）结合车间资源实时负荷情况和现有计划执行进度、能力平衡后，形成优化的详细排产计划。APS 充分考虑到每台设备的加工能力，并根据现场实际情况随时调整。在完成自动排产后，进行计划评估与人工调整。在小批量、多品种和多工序的生产环境中，利用 APS 可以迅速应对紧急插单的复杂情况。

6）物料跟踪管理

通过条码技术对生产过程中的物料进行管理和追踪。在生产过程中，通过条码扫描跟踪物料在线状态，监控物料流转过程，保证物料在车间生产过程中快速和高效流转，并可随时查询。

7）质量过程管理

质量过程管理指生产制造过程的工序检验与产品质量管理，能够实现对工序检验与产品质量过程追溯，对不合格品及整改过程进行严格控制。质量过程管理的功能包括：实现生产过程关键要素的全面记录及完备的质量追溯，准确统计产品的合格率和不合格率，为质量改进提供量化指标。根据产品质量分析结果，对出厂产品进行预防性维护。

8）生产监控管理

生产监控管理能实现从生产计划进度和设备运转情况等多维度对生产过程进行监控，实现对车间报警信息的管理，包括设备故障、人员缺勤、质量及其他原因的报警信息，及时发现问题、汇报问题并处理问题，从而保证生产过程顺利进行并受控。结合分布式数控（Distributed Numerical Control，DNC）系统、数据采集（Manufacturing Data Collection，MDC）系统进行设备联网和数据采集，能实现设备监控，提高瓶颈设备利用率。

9）统计分析

MES 能够对生产过程中产生的数据进行统计查询，分析后形成报表，为后续工作提供参考数据与决策支持。生产过程中的数据丰富，MES 会根据需要，定制不同的统计查询功能，包括产品加工进度查询、车间在制品查询、车间和工位任务查询、产品配套齐套查询、质量统计分析、车间产能（人力和设备）利用率分析、废品率和次品率统计分析等功能。

2. MES 数据采集

通过数据采集接口来获取并更新与生产管理功能相关的各种数据和参数，包括产品跟踪、维护产品历史记录及其他参数。这些现场数据可以通过从车间手工录入方式或各种自动方式获取。数据采集的时间间隔差别很大，有时可达到分钟一级的精度。由于工厂有大量的生产设备，设备种类繁多，通信方法又各不相同，数据采集量大，造成每个 MES 项目的数据采集变得十分烦琐。但数据采集又是进行物料跟踪、生产计划、产品历史记录维护及其他生产管理的基础，因而数据的准确性、实时性成为企业实现信息化成败的关键。

常见的 MES 数据采集的方式有：PLC（Programmable Logic Controller，可编程逻辑控制器）类数据采集、组态软件类数据采集、测量设备数据采集、条码扫描枪、RFID 读卡器，如表 1-1 所示。

表 1-1 数据采集方式

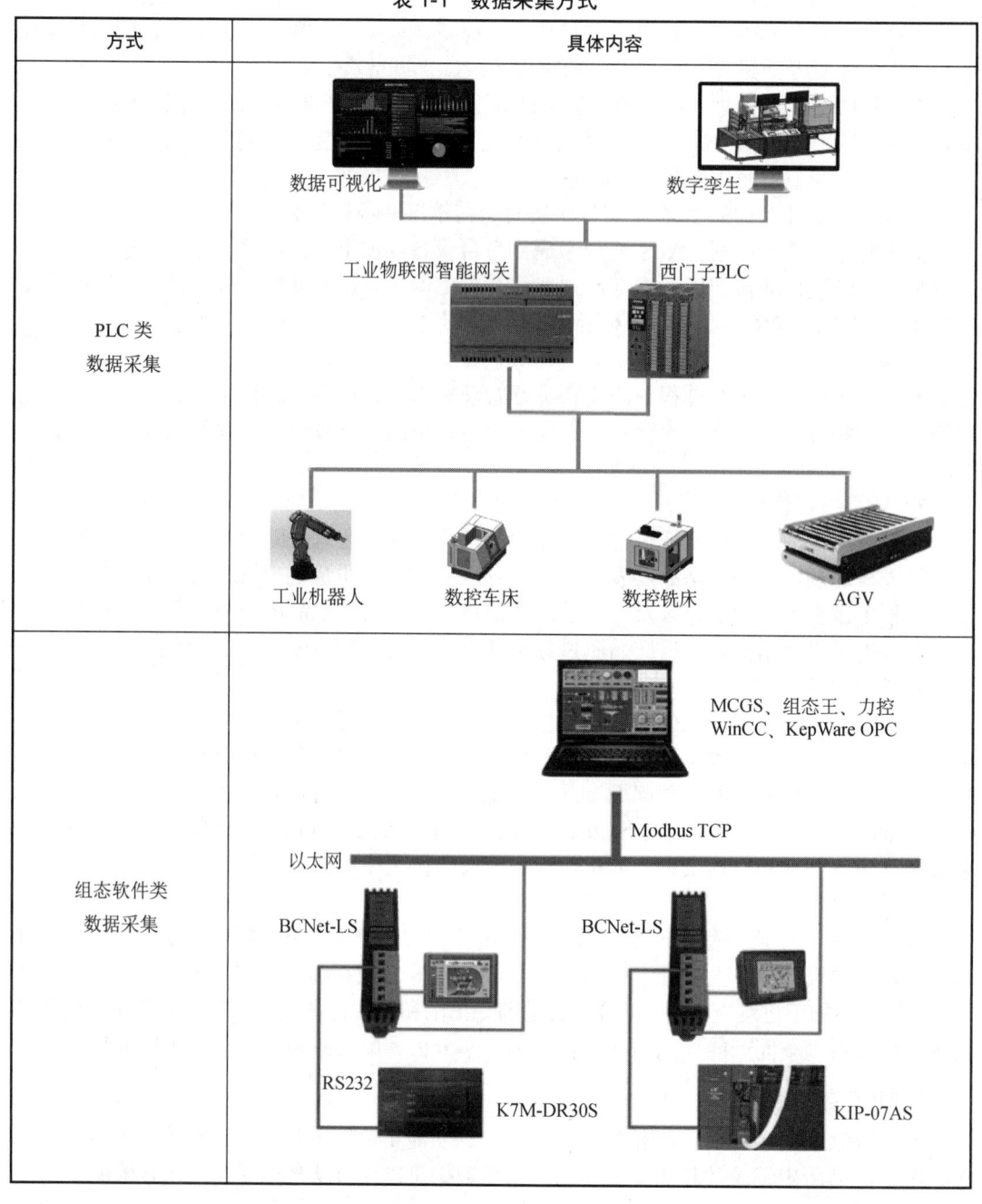

方式	具体内容
PLC 类数据采集	数据可视化、数字孪生、工业物联网智能网关、西门子PLC、工业机器人、数控车床、数控铣床、AGV
组态软件类数据采集	MCGS、组态王、力控、WinCC、KepWare OPC；Modbus TCP；以太网；BCNet-LS；RS232；K7M-DR30S；KIP-07AS

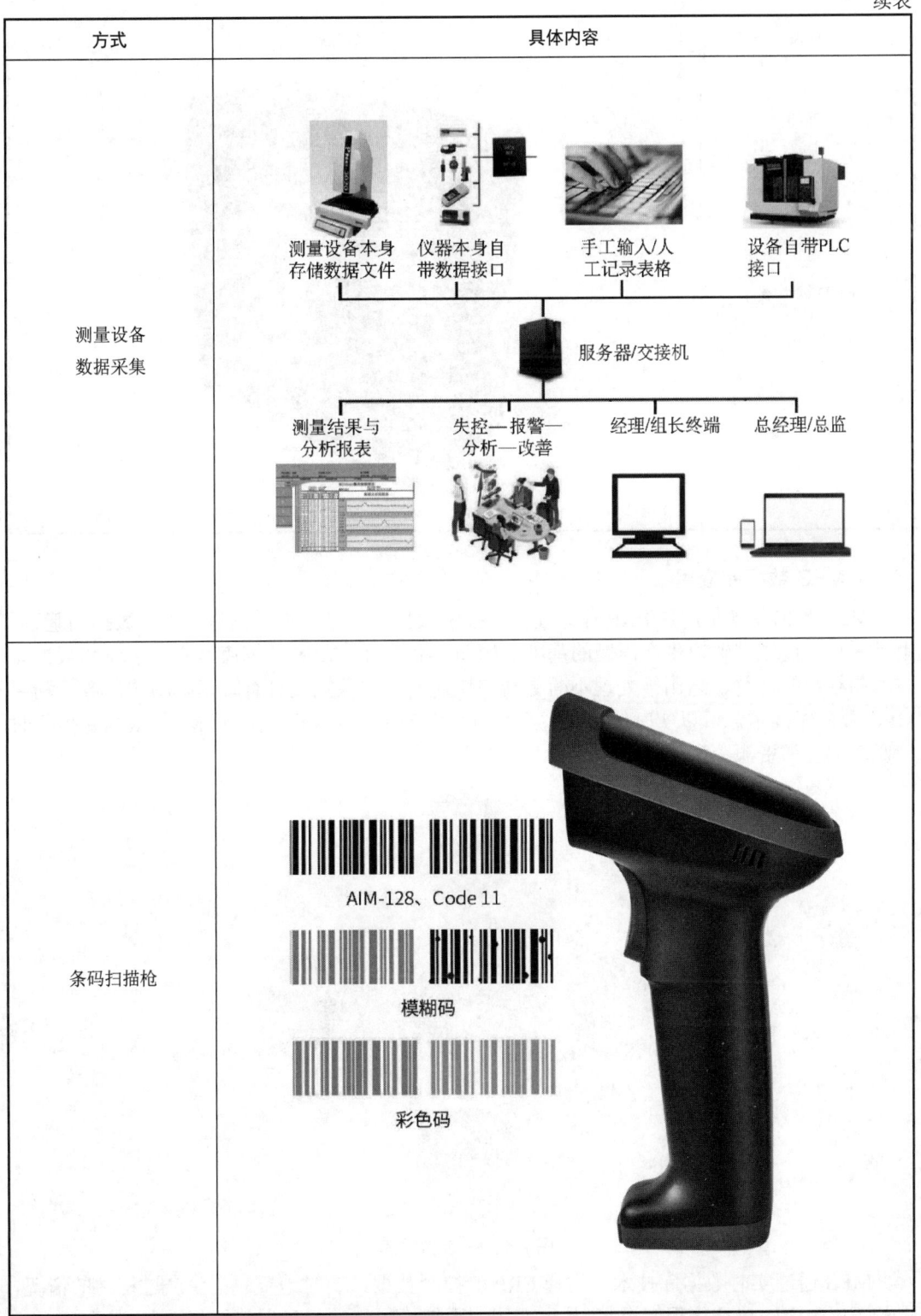

方式	具体内容
测量设备数据采集	测量设备本身存储数据文件 / 仪器本身自带数据接口 / 手工输入/人工记录表格 / 设备自带PLC接口 → 服务器/交接机 → 测量结果与分析报表 / 失控—报警—分析—改善 / 经理/组长终端 / 总经理/总监
条码扫描枪	AIM-128、Code 11；模糊码；彩色码

续表

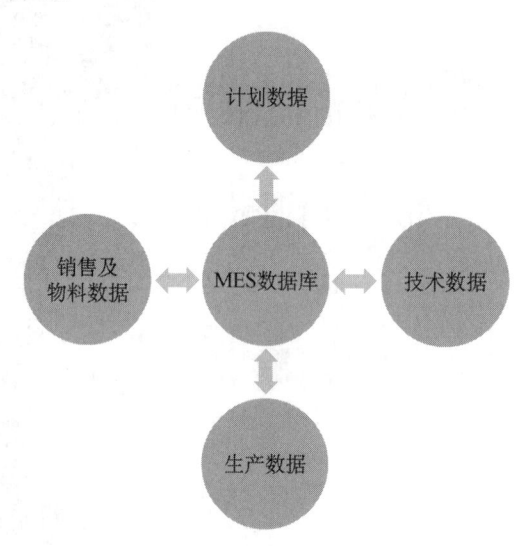

方式	具体内容
RFID 读卡器	

3. MES 数据库应用

MES 数据库既是沟通 ERP 计划数据、技术数据、生产数据、销售及物料数据的基础，也是采集、反馈和解决生产问题的基础，如图 1-4 所示。MES 数据库是实时系统和数据库技术相结合的产物，适用于处理不断更新、快速变化的数据及具有时间限制的事务。利用 MES 数据库技术，可以实时解决在生产全过程管理中的数据问题，为 MES 数据库提供时间驱动调度和资源分配算法。

图 1-4　MES 数据库

MES 通过实时数据库技术，沟通 ERP 的控制数据，实时地反映在生产过程中的情况，随着工厂生产的自动化程度提高，从生产控制系统层收集的信息也就显著增多。在 MES 中，物料被送到设备上等待加工，MES 会根据生产排程启动设备，并提前给出命令初始化加工操作，实时响应变得至关重要。同时，MES 实时数据库技术会从过程控制系统中实时采集质量数据，并通过对所取得的数据进行分析来监测生产过程的状态，对于精度高的产品，反馈时间不超过 1 秒。实时数据库技术能够让 MES 获取、分析实时的生产信息，监控并指导工厂车间的每个活动，使每个活动在发生时就能得到及时响应，获得最佳的实时效果，这是 MES 实现现代化信息工厂建设的基础。

第 2 章
制造执行系统应用平台

知识目标

1. 掌握制造执行系统账户分类。
2. 掌握制造执行系统组织架构及人员管理。
3. 掌握制造执行系统设备管理。
4. 掌握制造执行系统物料管理。
5. 掌握制造执行系统工艺管理。
6. 掌握制造执行系统生产管理。
7. 掌握制造执行系统质量管理。

学习内容

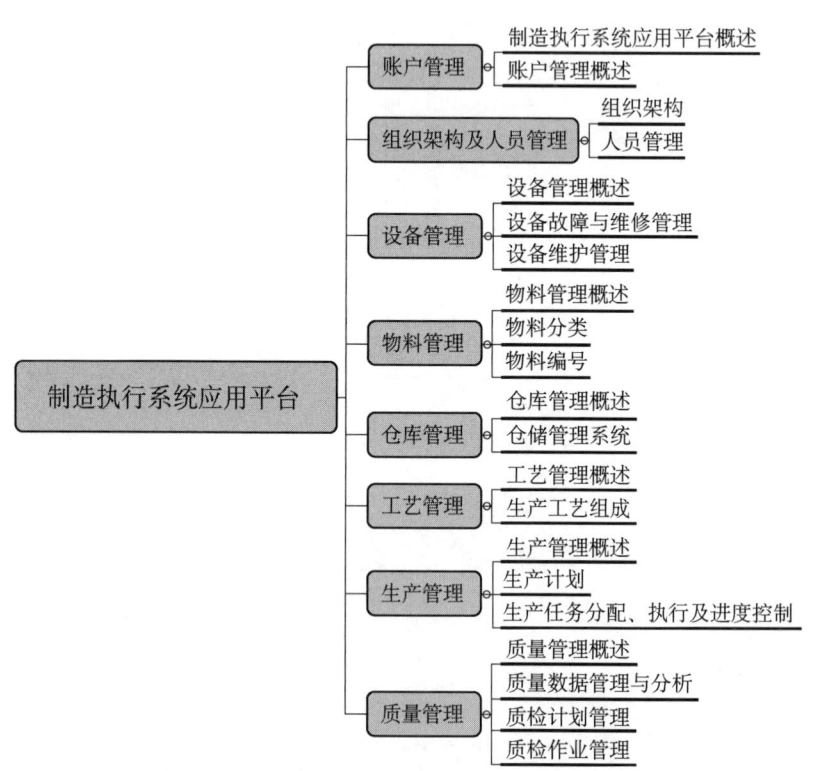

制造执行系统应用平台
- 账户管理
  - 制造执行系统应用平台概述
  - 账户管理概述
- 组织架构及人员管理
  - 组织架构
  - 人员管理
- 设备管理
  - 设备管理概述
  - 设备故障与维修管理
  - 设备维护管理
- 物料管理
  - 物料管理概述
  - 物料分类
  - 物料编号
- 仓库管理
  - 仓库管理概述
  - 仓储管理系统
- 工艺管理
  - 工艺管理概述
  - 生产工艺组成
- 生产管理
  - 生产管理概述
  - 生产计划
  - 生产任务分配、执行及进度控制
- 质量管理
  - 质量管理概述
  - 质量数据管理与分析
  - 质检计划管理
  - 质检作业管理

本章主要介绍 MES 应用平台的组成及各模块的功能，以下从账户管理到质量管理逐一进行介绍。

2.1 账户管理

2.1.1 制造执行系统应用平台概述

1. 制造执行系统平台架构

MES 平台架构以 C/S（Client/Server，客户端—服务器结构）和 B/S（Browser/Server，浏览器—服务器结构）两种架构为主，早期的 MES 以 C/S 架构为主。近年来，随着网络技术不断发展，MES 体系架构从 C/S 架构向更加灵活的多层分布结构演变，使软件体系架构跨入一个新阶段，即 B/S 架构，用于满足业务应用的深度及广度的变化。

1）C/S、B/S 架构的定义

（1）C/S 架构的定义。C/S 架构在技术上很成熟，它的主要特点是交互性强、具有安全的存取模式、网络通信量低、响应速度快、利于处理大量数据。因为客户端要负责绝大多数的业务逻辑和 UI（User Interface，用户界面）展示，所以客户端被称为胖客户端。它充分利用两端硬件，将任务分配到客户端和服务器两端，降低了系统的通信成本。C/S 架构的软件需要针对不同的操作系统开发不同版本的软件，加之产品更新换代的速度快，因此 C/S 架构已经很难适应百台计算机以上的局域网用户同时使用。

C/S 架构是一种典型的两层架构，其客户端包含一个或多个在用户的计算机上运行的程序，而服务器端有两种，一种是数据库服务器端，客户端通过数据库连接访问服务器端的数据；另一种是 Socket 服务器端，服务器端的程序通过 Socket 与客户端的程序通信。

（2）B/S 架构的定义。B/S 架构是目前应用系统的发展方向。B/S 架构是伴随着 Internet 技术的兴起和对 C/S 架构的改进出现的，为了区别于传统的 C/S 架构，B/S 架构被称为 B/S 架构。在这种架构下，通过 WWW 浏览器进入工作界面，极少部分事务逻辑在浏览器端实现，主要事务逻辑在服务器端实现，形成三层（3-tier）结构。这样使客户端计算机负荷大大简化，因此它被称为瘦客户端，减轻了系统维护、升级的支出成本，降低了用户的总拥有成本（Total Cost of Ownership，TCO）。

B/S 架构的主要特点是分布性强、维护方便、开发简单且共享性强、总体拥有成本低，但数据安全性问题、对服务器要求过高、数据传输速度慢、软件的个性化特点明显降低，难以实现传统模式下的特殊功能要求。它是瘦客户端，对大量的数据输入及报表的应答等都需要通过浏览器与服务器进行交互，通信成本大，而且对于实现复杂的应用构造有较大的困难。

2）C/S 架构、B/S 架构对硬件环境的要求

（1）C/S 架构用户固定，一般只被应用于局域网中，要求拥有相同的操作系统，如果对于不同的操作系统还要相应开发不同的版本，并且对计算机的配置要求也较高。

（2）B/S 架构要求有操作系统和浏览器即可，与操作系统平台无关（可以实现跨平台），对客户端的计算机的配置要求较低。

3）C/S 架构、B/S 架构的优缺点

C/S 架构与 B/S 架构的优缺点如表 2-1 所示。

表 2-1　C/S 架构与 B/S 架构的优缺点

架构	优点	缺点
C/S 架构	①能充分发挥客户端 PC 的处理能力，使很多工作可以在客户端处理后再提交给服务器，所以 C/S 架构客户端响应速度快。 ②操作界面漂亮、形式多样，可以充分满足客户自身的个性化要求。 ③C/S 架构的管理信息系统具有较强的事务处理能力，能实现复杂的业务流程。 ④可以很容易保证安全性能，一般面向相对固定的用户群，程序更加注重流程，可以对权限进行多层次校验，提供了更安全的存取模式，对信息安全的控制能力很强。一般高度机密的信息系统适宜采用该架构	①需要专门的客户端安装程序，分布功能弱，针对点多、面广且不具备网络条件的用户群体，不能够实现快速部署安装和配置。 ②兼容性差，对于不同的开发工具，具有较大的局限性。若采用不同的开发工具，需要重新改写程序。 ③开发、维护成本较高，只有具有一定专业水准的技术人员才能完成，若发生一次升级，则所有客户端的程序都需要改变。 ④用户群固定。因为程序需要安装后才可使用，不适合面向一些不可知的用户，所以适用面窄，通常被用于局域网中
B/S 架构	①分布性强，客户端零维护。只要有网络、浏览器，就可以随时随地进行查询、浏览等业务处理。 ②业务扩展简单、方便，通过增加网页即可增加服务器功能。 ③维护简单、方便，只需要改变网页，即可实现所有用户的同步更新。 ④开发简单，共享性强	①个性化特点明显降低，无法实现具有个性化的功能要求。 ②在跨浏览器上，B/S 架构不尽如人意。 ③客户端、服务器端的交互是请求—响应模式，通常动态刷新页面，响应速度明显降低（Ajax 可以在一定程度上解决这个问题）。无法实现分页显示，给数据库访问造成较大的压力。 ④在速度和安全性上需要花费巨大的设计成本。 ⑤功能弱化，难以实现传统模式下的特殊功能要求

2. 制造执行系统界面

B/S 架构的 MES 采用客户端安装方式，界面功能丰富。以下以 B/S 架构为例认知 MES 相关功能。

MES 一般具有基于数据、信息、知识的综合能力和分析能力，快速地总结业务运作的实际情况，为管理者做出正确、及时的决策提供支持，使大量数据以各种类型的报表在界面中呈现出来。

一般 MES 界面应具有以下几个特点。

1）一致性

一致性在界面设计中最容易被违反，同时也最容易修改和避免。例如，在菜单中必须使用相同的术语，对话框必须具有相同的风格。

2）常用操作便捷性

在 MES 界面中常用操作的使用频度大，应该减少操作序列的长度。例如，为文件的常用操作如打开、存盘、另存等设置快捷键，使常用操作具有捷径，不仅会提高用户的工作效率，还会使界面在功能实现上简捷和高效。

3）简单的错误处理界面

MES 界面要有错误处理的功能。在出现错误时，系统应该能检测出错误，并且提供简单和容易理解的错误处理的功能。错误出现后，系统要提供错误恢复的指导信息界面。

4）信息反馈界面

对操作人员的重要操作要有信息反馈。对常用操作和简单操作的反馈可以不做要求，但是对不常用操作和至关重要的操作，MES 应该提供信息反馈。

5）操作可逆

操作应该可逆，这对于不具备专门知识的操作人员相当有用。可逆的动作可以是单个的操作，或者是一个相对独立的操作序列。

MES 界面如图 2-1 所示。

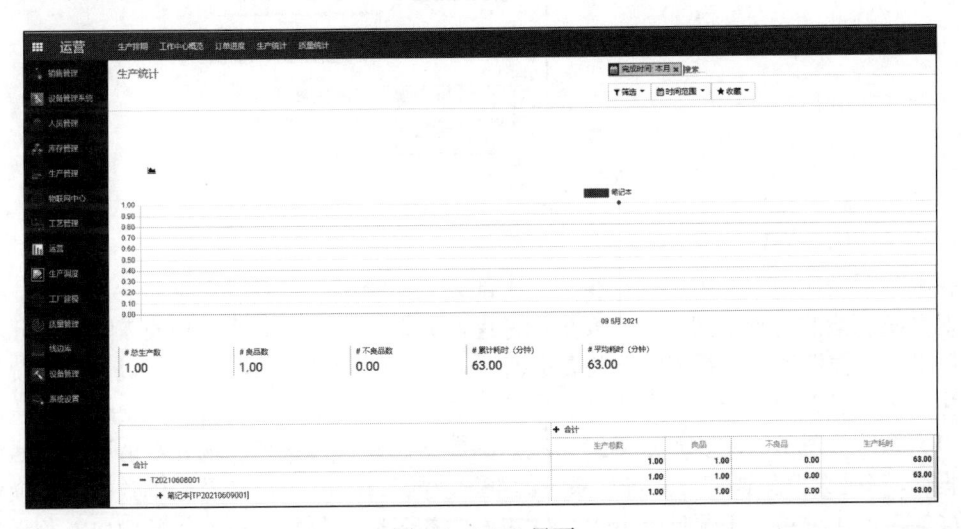

图 2-1　MES 界面

2.1.2　账户管理概述

MES 是多用户的生产管理系统，它允许多个用户同时登录系统。账户管理指 MES 针对不同岗位人员分配不同的管理权限。

1. 账户分类

账户分类指在了解账户功能的基础上，研究账户体系中各账户之间存在的共性，进一步探索账户的用途结构及其在整个账户系统中的地位和作用，更正确地运用账户对企业的业务进行反映。

MES 账户按照功能分类可以分为管理型账户、应用型账户、查看型账户。管理型账户的权限最高；应用型账户针对不同的岗位人员分配不同的权限；查看型账户只有查看系统部分许可内容的权限，权限最低。MES 账户分类如图 2-2 所示。

管理型账户主要用于其他类型账户的创建、修改、删除、系统权限分配、系统维护、系统功能扩展等高权限操作。

应用型账户按照车间分工分为生产人员账户、维保人员账户、质检人员账户、仓库人员账户、工艺技术人员账户等子账户，但是应用型账户不局限于以上几种分类，不同的工厂车间根据生产需求不同可能会针对具体岗位另设单独账户进行管理。

查看型账户用于展示系统数据，无法对系统进行配置及修改，根据系统管理员分配的不同权限，展示不同的内容，一般用于生产看板登录展示。

```
                              ┌─ 超级管理员
                  ┌─ 管理型账户 ─┼─ 账户管理员
                  │            └─ 系统维护人员账户
                  │
                  │            ┌─ 生产人员账户
                  │            ├─ 维保人员账户
        MES账户 ──┼─ 应用型账户 ─┼─ 质检人员账户
                  │            ├─ 仓库人员账户
                  │            └─ 工艺技术人员账户
                  │
                  └─ 查看型账户 ── 展示性账户
```

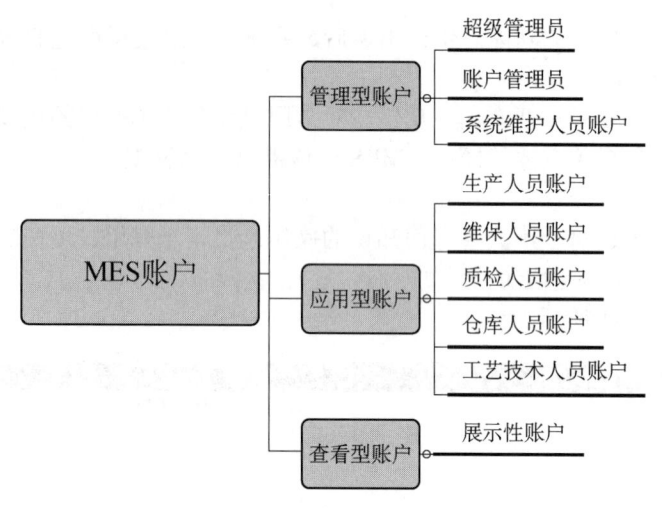

图 2-2　MES 账户的分类

2. 账户权限管理

权限管理是应用系统中不可缺少的一个部分，系统用户很多，系统功能也很多，不同用户对系统功能的需求不同。出于安全性考虑，关键的、重要的系统功能需限制部分用户使用；出于方便性考虑，系统功能需要根据不同的用户定制。MES 一般可以分为系统管理员、生产工艺员、生产计划员、生产调度员、维保人员、生产操作人员、质检人员等。

（1）系统管理员。主要管理维护系统基础数据，并且在系统出现异常情况时，通过后台数据库、基础数据配置等方式进行系统的维护及异常排除，主要涉及基础数据管理模块。

（2）生产工艺员。主要涉及 BOM（Bill Of Material，物料清单）管理模块，负责物料基础数据维护、生产单元维护、BOM 结构、工艺工序等信息维护。

（3）生产计划员。

①主要涉及计划签收与计划管理模块：计划员通过 MES 接收生产计划，制订车间月、周计划，协调监控计划执行，统计并汇报计划执行情况。

②协同的生产资源准备与集中监督：当投产计划下达后，计划员通过 MES 向相关人员发送并行准备任务，如物料、设备等，实时跟踪各项工作的准备情况。

（4）生产调度员。主要涉及调度管理模块，接收到计划后负责计划的派工，根据现场实际的生产能力及状态将生产任务下发给合适的工人及设备，并实时跟踪计划执行进度。

（5）维保人员。主要涉及现场设备及生产线维护，主要任务是通过 MES 接收车间生产操作人员下发的设备维护信息，对生产设备进行系统的维护和保养等。

（6）生产操作人员。主要涉及现场任务模块，主要负责现场生产信息反馈，包括相关生产过程信息的输入（加工开始、结束及生产异常的反馈等），以及各种生产异常信息的反馈。

（7）质检人员。主要涉及质量管理模块，负责班组内检验任务的二次派工及工序间的制品检验（包括首检、巡检、工序完工检验等），另外，在零件加工的过程中，还需要对各种加工的检验信息进行录入等，具体工作如下。

①通过系统接收检验组组长下发的检验任务，并通过系统查看相关加工信息。

②负责工序间的制品检验，包括首检、巡检、工序完工检验。

③在零件加工的过程中，对各种加工的检验信息进行录入。

因为企业管理组织结构问题，每个岗位的业务管理内容是不同的，所以，每层的管理执行权限也是不同的，在生产制造组织中也是如此，一般可以分为企业、工厂、车间、生产线、机床、工人等。在 MES 的实施过程中，通过 MES 权限管理对每个生产管理层级的 MES 应用操作权限进行分配和管理，让每层可以执行相应的管理权限，可以保证管理的有序性和规范性，同时可以有效避免泄露新信息，保证生产信息的安全，这一点对于生产工艺、生产配方保密性来说至关重要，所以 MES 权限管理非常重要。

3. MES 账户管理

MES 账户管理功能可以完成 MES 多账户登录，根据生产岗位分工不同设置不同的账户信息，使每个账户都能具有自己的角色权限。这样可以在限定的账户界面完成自己的权限任务。账户管理界面如图 2-3 所示。

图 2-3　账户管理界面

1）账户基础配置

账户基础配置包含账户基础信息设置与账户密码修改等功能，在账户基础信息中设置用户账号、用户密码及用户姓名、联系方式等。根据岗位角色选择对应的用户角色。用户角色选择界面如图 2-4 所示。

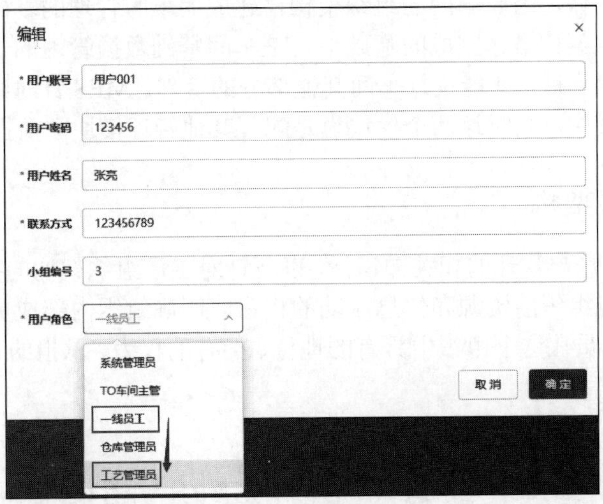

图 2-4　用户角色选择界面

2）用户角色权限配置

用户角色权限配置包含角色名称、角色代码、角色描述及角色状态等信息，可以根据角色信息启用、关闭相应的权限功能。用户角色权限配置界面如图 2-5 所示。

图 2-5　用户角色权限配置界面

2.2　组织架构及人员管理

良好的组织架构能推动企业健康发展，帮助企业确定战略归属、部门组合、部门功能、授权路径、管控跨度、管理模式，是企业正常运营的前提。车间属于企业的一部分，担负着企业产品输出的责任，因此车间的组织架构搭建成为车间管理的基础一环。人员及其岗位的管理建立在组织架构搭建完成的基础上，是车间基础数据管理的一部分，只有明确人员基本信息及岗位信息后，才能进行车间其他部分的管理。MES 针对组织架构及人员岗位配置有专门的管理模块，同时这两个模块也是配置其他管理模块的前提。

2.2.1　组织架构

在 2.1 节了解了账户管理的相关知识后，以下针对工厂组织架构的搭建进行介绍。组织架构也就是通过界定组织的资源和信息流动的程序，明确组织内部成员个人相互之间关系的性质，明确每个成员在这个组织中具有的地位、拥有的权力、承担的责任、发挥的作用。

1. 组织架构认知

1）组织架构

企业作为一个特定的社会经济组织，有一个完善的，并且根据实际情况变化而不断调整并更新的目标体系，这也是其存在和发展的前提。只有根据实际情况变化而不断调整更新的目标体系,才能把更多的人吸引和稳定在这个特定的社会组织中。企业组织架构即为企业运营的一个共同约定的框架。

现今常用的组织架构分为三种,分别是简单结构、职能型结构与事业部型结构。

(1)简单结构。在简单结构中,公司的所有者和经营者直接做出所有的重要决定,并且监督所有的活动,这是最简单的一种结构,适合用于小公司及集中战略和业务层战略。但是随着公司的不断发展,这种结构最终会被职能型结构取代。

(2)职能型结构。职能型结构由一位管理者和有限的员工组成,在占据主导地位的职能领域设置职能型管理者,职能型结构又允许职能分工,因而促进了每个职能领域知识共享。职能型结构适用于多元化水平较低的业务层战略和部分公司层战略的实施,但是其不利于组织内部不同职能部门之间的交流与协调。随着公司的不断成长,更高层次的多元化就成为管理者需要考虑的问题,当公司不断向不同的市场提供产品时,为了使这些多元化的战略取得成功,就必须分析更多的数据和信息。

(3)事业部型结构。事业部型结构由一个公司总部和几个运营部门组成,每个运营部门代表着一项独立业务或利润中心,公司总部授权部门经理负责本部门的日常运作与战略决策,每个部门都是一个独立的业务单元,并拥有自己的职能层次。

因为事业部型结构更适合相关多元化战略的实施,而多元化公司又占据了世界发展的潮流,所以它被认为是 20 世纪重要的组织创新之一。但是这并不意味着所有公司都要采取事业部型结构。现代管理学之父彼得·德鲁克(Peter Drucker)曾经说过:"不存在完全正确的组织结构,而我们的任务是为手头特定任务和使命选择组织结构。"管理者应当专注战略与结构是否匹配,而不是盲目寻求最佳结构,而这也正是中国企业需要在未来发展中面对和注意的问题。

2)车间组织架构

车间是企业内部组织生产的基本单位,也是企业生产行政管理的一级组织,由若干工段或生产班组构成;它按企业内部产品生产各阶段或产品各组成部分的专业性质和各辅助生产活动的专业性质而设置;拥有完成生产任务所必需的厂房或场地、机器设备、工具和一定的生产人员、技术人员及管理人员。常见的生产型企业车间有以下四个特点。

(1)车间是按照专业化原则形成的生产力诸要素的集结地。

(2)车间是介于厂部和生产班组之间的企业管理中间环节。

(3)车间的产品一般是半成品(成品车间除外)或企业内部制品,而不是商品。

(4)车间不是独立的商品生产经营单位,一般不直接对外发生经济联系。

车间组织架构一般包含车间主任、生产管理、生产操作、工艺管理、物料管理、设备管理、质检管理等岗位配置,每个岗位下设若干人员。

2. 车间岗位职责

不同类型的生产企业车间岗位分工有所不同,不同规模的车间配置也不同。在一个常规的车间组织架构中,下设质检部、设备部、仓库部、生产部、工艺部、综合部六大部门,每个部门下设主任及普通员工岗位,如图 2-6 所示。真正的工厂岗位划比图 2-6 更详细和复杂,MES 需要针对每个岗位进行配置管理。

1)质检部

(1)质检主管:负责公司质量管理、产品质量检查、计量检定及工序质量监督工作,搞好本部门职能分配及全面管理工作,负责产品检验和试验制定,监视和测量装置控制及不合格品控制，严格管理质量记录和质量统计报表，并对其及时性和准确性负责，负责搞好本部门的业务培训，保证本部门工作的正常进行。

（2）原材料检验员：负责生产原材料的检验工作，维护好有关设备及检验用品，及时出具检验报告，在检验不合格时及时提示并反馈到质检部，保证试样检验的准确性，并对报告签发的及时性、准确性负责。

（3）成品验收员：负责做好成品的检查验收工作，做好打包产品的分类工作，监督打包人员分类包装、记录人员分类记录、库管分类堆放。

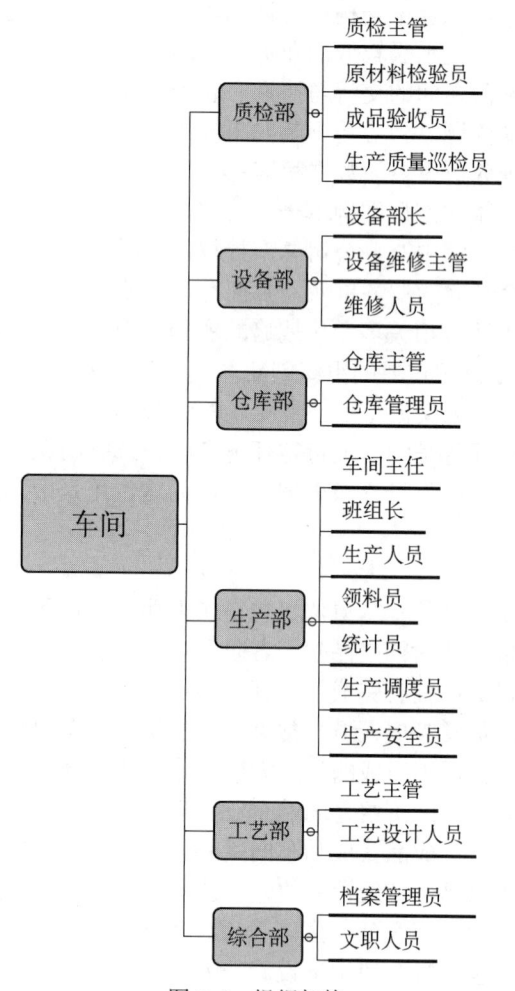

```
车间 ── 质检部 ── 质检主管
              ├ 原材料检验员
              ├ 成品验收员
              └ 生产质量巡检员
     ── 设备部 ── 设备部长
              ├ 设备维修主管
              └ 维修人员
     ── 仓库部 ── 仓库主管
              └ 仓库管理员
     ── 生产部 ── 车间主任
              ├ 班组长
              ├ 生产人员
              ├ 领料员
              ├ 统计员
              ├ 生产调度员
              └ 生产安全员
     ── 工艺部 ── 工艺主管
              └ 工艺设计人员
     ── 综合部 ── 档案管理员
              └ 文职人员
```

图 2-6 组织架构

（4）生产质量巡检员：负责产品生产过程的质量监督及检查工作，做好产品生产的过程检验工作并及时填写相关检查记录，做好各工序质量巡检工作，对违反质量管理制度的行为及时制止并指导改正，解释质检部关于产品的相关质量要求并监督各工序的执行情况。

2）设备部

（1）设备部长：监督部门计划的实施，组织编制设备更新改造计划，组织制定设备维修改造方案，考核部门人员。

（2）设备维修主管：编制公司生产设备的年度检修计划，采购新设备，调度维修人员及时维修设备。

（3）维修人员：维修、保养设备，发现设备潜在问题，及时汇报工作进展情况。

3）仓库部

（1）仓库主管：全面负责协调仓库的人员管理、考核和日常事务，监督仓库大盘点并汇报，检查仓库安全、仓库整体规划，制定并完善各流程制度，审核各流程单据。

（2）仓库管理员：严格按照出库流程的规定进行备货、发货，按照入库验收流程负责各自所管理品牌的到货验收和确认工作，对所负责管理的品牌产品要按公司的存放规定来管理，做到仓库库存每月盘点，及时汇报仓库存在的问题。

4）生产部

（1）车间主任：组织拟订年度车间工作计划，具体安排每月、每旬、每个工作日的生产计划并监督完成；检查车间各班次作业完成情况、巡查生产现场、审核生产计划指令等。

（2）班组长：负责班组人员管理，协助车间主任做好每批次产品投产前的组织安排和相关技术准备工作，合理安排各道工序的生产，发现生产中的问题，抓好安全生产工作。

（3）生产人员：按照生产计划实施生产，严格执行产品质量标准、生产工艺文件、安全和设备操作规章，合理领用物料，及时上报在生产过程中遇到的问题。

（4）领料员：根据生产作业计划制订车间领料计划，根据生产进度发放各种物料，控制现场物料不超期，协助相关人员做好现场物料的盘点工作。

（5）统计员：负责本车间生产统计体系的建立、管理、完善工作，负责产品原材料、辅料、机台设备及其他相关车间生产用品的进、出、存统计工作，协助财务人员开展车间盘点工作。

（6）生产调度员：根据生产作业计划和生产进度，协调人员、物料和设备；根据生产作业进度，协调、督促生产车间零部件及各工序成品的流转。

（7）生产安全员：确保企业制订的安全工作行动计划及阶段性安全工作重点得以执行，并确保各项安全制度得以有效贯彻，参与事故调查、分析，组织实施安全培训计划。

5）工艺部

（1）工艺主管：制定产品工艺路线，解决生产实际问题并稳定生产，负责产品质量及售后服务，开发新工艺、新产品，监督并考核工艺员的工作。

（2）工艺设计人员：负责产品数据库管理，组织、协调、指导、实施完成车间所属的各品种工艺验证，对现场进行技术性指导，协助车间完成部分工序指令的编制、下达、复核任务。

6）综合部

（1）档案管理员：管理设备资料文件、人员资料档案等，归档、调取管理生产文件。

（2）文职人员：编写宣传资料，汇总员工日常考勤，负责维护车间公用设备，负责设计及打印产品标签，做好部门会议准备工作及会议记录。

3. 工厂建模

当组织框架规划完成后，就可以根据组织框架搭建工厂车间模型。工厂建模的目的是进行数字化、结构化的描述和处理生产制造环节的各种信息，按照组织划分的原则、业务协同的规则、数据统计的规则、物料（能源）平衡的原则等一系列共性规则和约束，将生产制造信息与物理世界联系起来。工厂建模主要包含厂区创建、车间创建、产线创建、工段创建、工作中心创建。

1)厂区创建

厂区是 MES 可以创建的最大组织模型，MES 可以包含若干厂区，每个厂区下设不同类型的车间。一般情况下，一套 MES 设置一个厂区，大规模的企业可能设置多个厂区。厂区创建界面如图 2-7 所示。

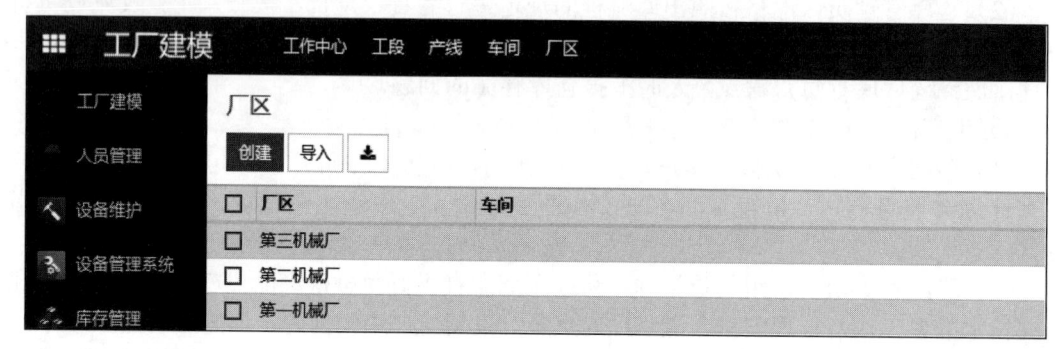

图 2-7　厂区创建界面

2）车间创建

车间是 MES 主要管理的对象，根据分工不同，厂区的车间可以分为多种。以汽车制造企业为例，一个厂区的车间可以分为冲压车间、车身车间、总装车间、喷涂车间等，在 MES 中的工厂建模功能模块里面创建车间，同时为车间配置厂区。车间创建界面如图 2-8 所示。

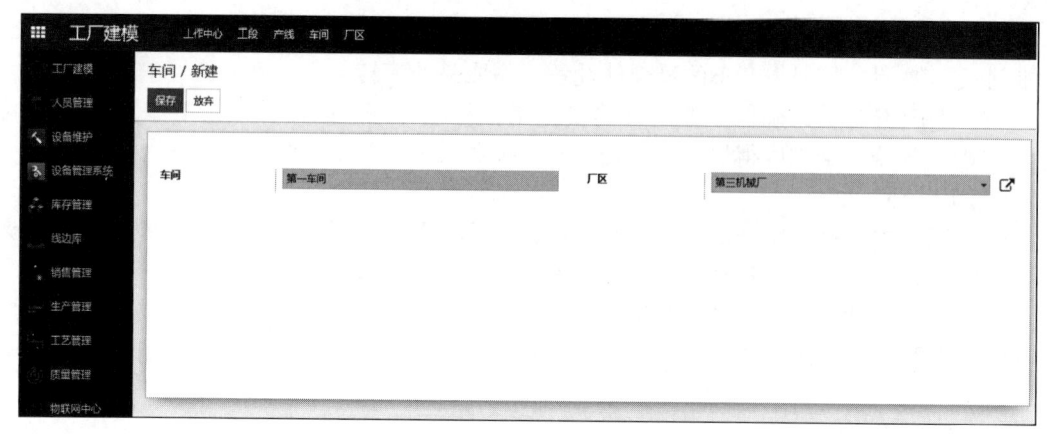

图 2-8　车间创建界面

3）产线创建

车间创建完成后，下一步就需要为每个车间创建产线，一个车间可以创建几条产线，几条产线之间可以是前后工序关系，也可以是相同的功能产线。产线创建界面如图 2-9 所示。

4）工段创建

根据产线不同、位置功能不同，工段创建可以划分为不同的工段。例如，铸工车间里分为熔化工段和造型工段，在 MES 中可以在工段模块添加新工段，同时为工段选择产线。工段创建界面如图 2-10 所示。

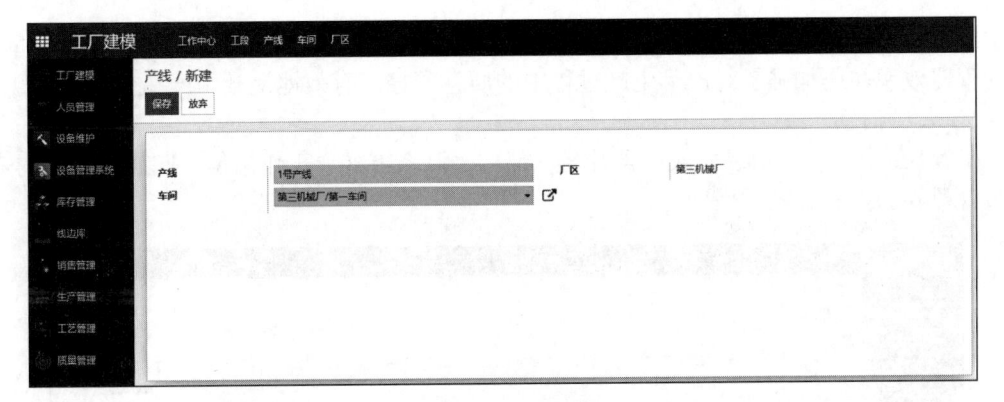

图 2-9 产线创建界面

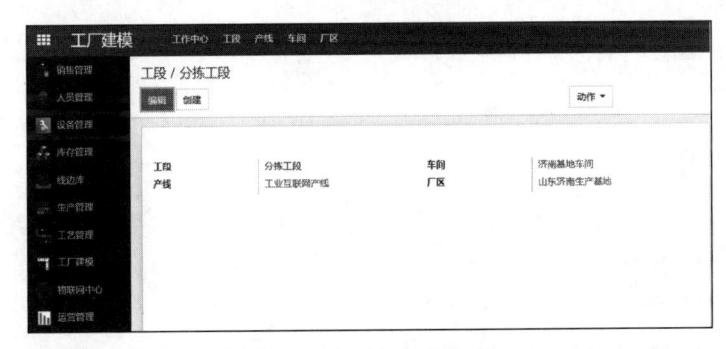

图 2-10 工段创建界面

5）工作中心创建

在工厂生产中，流程复杂的工段可以分成若干不同功能的工作中心，每个工作中心包含若干设备，不同工作中心完成此工段的一部分功能。工作中心创建界面如图 2-11 所示。

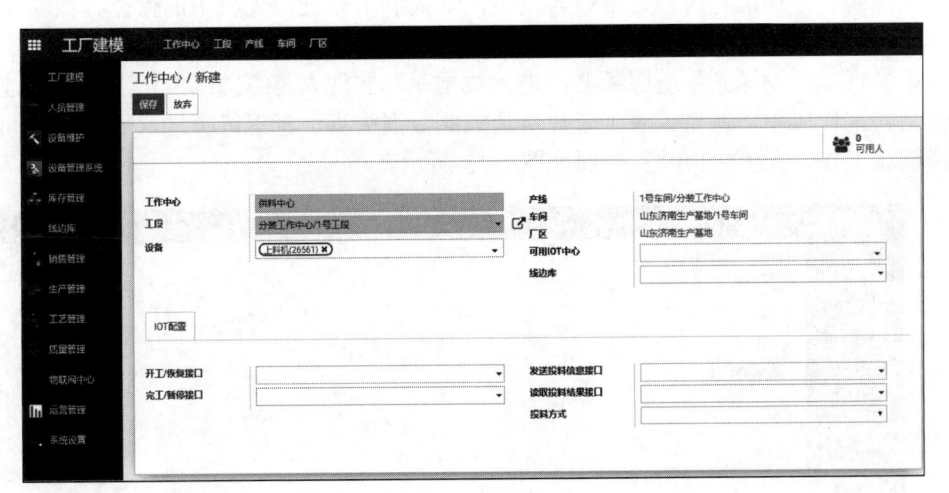

图 2-11 工作中心创建界面

2.2.2 人员管理

人员管理包括人员信息、角色岗位划分、人员班组管理、人员绩效管理等，MES 人员管理系统可以实现生产车间无纸化的人员管理，对人员生产过程进行防错与追溯，通过统计学方法，对人员技能提出一个量化评估指标。人员管理不仅提高了管理层对生产车间人员的管理效率，还加强了对产品生产过程中的质量管控，有效地提升了产品良率。

1）人员信息

在 MES 中，人员信息一般包含姓名、部门、联系方式、工作岗位、归属班组等内容。人员管理界面如图 2-12 所示。

图 2-12　人员管理界面

2）角色岗位划分

车间不同职责员工对应不同的角色操作权限，将此类权限下载到数据终端后，任何员工都要执行调试、加工、检验、维修等过程，均需刷卡验证，无权限的操作人员就不能执行相应的操作，防止无证操作引起的安全事故和数据失真。有权限的操作人员的身份信息与工作结果绑定，发送到系统服务器，进入数据库，实现人与事的绑定，以便准确地统计每位员工的工作成果，避免了手工统计所造成的数据失真、延迟等弊端，简化了车间繁重的薪酬核算工作。人员岗位配置界面如图 2-13 所示。

图 2-13　人员岗位配置界面

3）人员班组管理

在录入人员信息时，需要为人员分配班组，班组根据上班时间可以分为白班、夜班、中班，根据班组功能可以分为生产班组、维修班组等。根据需要将班组录入 MES，在录入人员信息时选择所属班组即可。人员班组管理界面如图 2-14 所示。

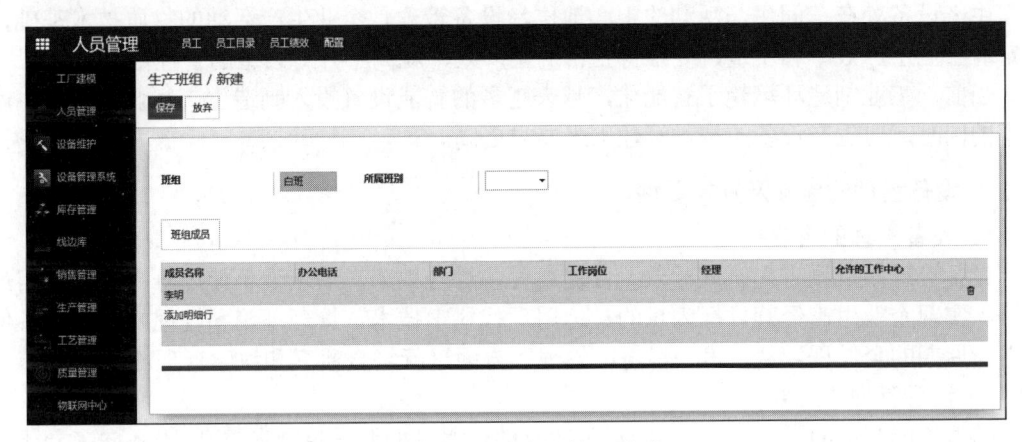

图 2-14 人员班组管理界面

4）人员绩效管理

人员信息录入完成后，需要对人员的上工记录、生产记录、生产废品率进行统计，以计算人员的生产绩效。MES 人员绩效管理模块典型的应用为人员上岗离岗（非上班下班）刷卡记时，统计人员有效工作时间。人员在各工位通过登录系统并记录产出数量（可以依据实际情况选择人工录入或自动获取），并由系统自动统计出每日总产量、产出良率等，从而实现为绩效考核和生产计划制订提供数据基础的目的。人员绩效管理界面如图 2-15 所示。

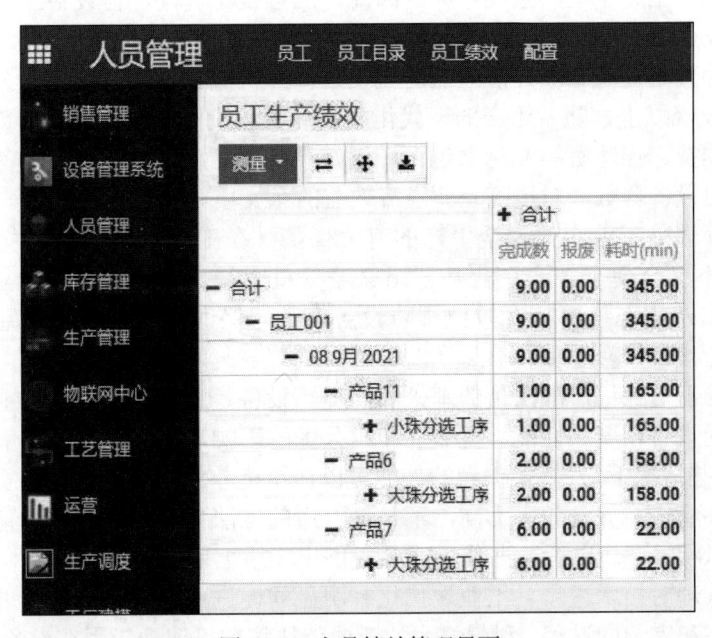

图 2-15 人员绩效管理界面

2.3 设备管理

2.3.1 设备管理概述

生产设备处在车间生产活动的中心地位，设备管理是企业生产活动的物质技术基础，决定着企业生产效率和质量，要维持正常的生产效率就离不开对设备的管理。

当前，工业制造环境趋于智能化，越来越多的智能设备投入制造生产行业，提高生产效率的同时，对生产设备的技术管理水平要求更高。

1. 设备管理的含义及其重要性

1）设备管理的含义

设备管理指以设备为研究对象，以提高设备综合效率、追求设备使用寿命周期费用最经济、实现企业生产经营目标为目的，运用现代科学技术、管理理论和管理方法对设备使用寿命周期的全过程，从技术、经济、管理等方面进行综合研究和科学管理。

2）设备管理的重要性

随着智能制造的不断发展，人们对工业自动化程度的要求也越来越高，设备向多元化、高速化、大型化、自动化及智能化发展。2004年，欧洲维修国际会议指出，21世纪的企业是设备依赖性企业，即现代化企业的计划、生产、质量、技术、财务等方面的管理和企业效益的好坏，无不取决于设备这一物质技术基础，设备管理在企业管理中的地位日益突出。设备管理的重要性表现在以下几个方面。

（1）设备管理是保证企业顺利生产的前提。随着生产的发展和科学技术的进步，生产过程的机械化程度越来越高，而且日趋自动化、连续化、精密化和大型化。设备对生产活动所起的作用和影响越来越大，流水生产线或联动机组中如果有一台设备发生故障，就会造成一条生产线乃至整个生产系统停产。因此，加强设备管理，使设备经常处于良好的技术状态，是保证企业生产正常进行的前提条件。

（2）设备管理是提高企业经济效益的重要条件。机械设备在现代工业企业固定资产总值中的比例占60%以上，随着生产的现代化发展，企业投资在设备方面的费用（如能源动力费、维修保养费、保险费等）越来越多，搞好设备的经济管理、提高设备技术水平和利用率、减少在用设备台数，对提高企业经济效益的意义巨大。

（3）设备管理是工业企业安全生产的有力保障。在工业生产中意外发生的设备故障和人身事故，不仅会使个人、企业甚至国家蒙受重大损失，还会扰乱企业的生产秩序。因此，在实际生产中怎样更加有效地预防设备事故，保证安全生产，避免人身伤亡，已成为现代设备管理的一项重要内容。

（4）设备管理是保证产品质量的基础和前提。设备是影响产品质量的主要因素之一，产品质量直接受设备精度、性能、可靠性和耐久性的影响，高质量的产品依靠高质量的设备来获得。在某些情况下，发挥操作者的技能可以在精度差的机器上加工出质量高的零件，但是往往质量不稳定，并且效率不高，不是最合适的方法。所以搞好设备管理，保证设备处于良好的技术状态，也就为生产优质产品提供了物质上的必要条件。

（5）设备管理对技术进步、工业现代化有明显的促进作用。科学技术进步的过程是劳动手段不断提高和完善的过程，科学技术的新成就往往被迅速地应用在设备上，如19世纪电动机的应用和现代计算机技术在设备控制上的应用等，所以从某种意义上讲，设备是科学技术的结晶。同时，新型劳动手段的出现又进一步促进了科学技术的发展，新工艺、新材料的应用，新产品的发展都靠新设备来保证。可见提高设备管理的科学性，加强在用设备的技术改造和更新，力求每次修理和更新都使设备在技术上有不同程度的进步，对促进技术进步、实现工业现代化具有重要作用。

综上所述，设备管理不仅直接影响着企业当前的生产经营，还决定着企业的长远发展和兴衰成败。

2. 设备管理的内容

设备管理的内容总体上包括三个方面：设备的技术管理、设备的经济管理和设备的综合管理。设备的技术管理表现为对设备实物形态的管理，目的是使设备的技术状况最佳化，确保设备的技术状况不下降或得到改善，确保设备在定修周期内无故障运行。设备的经济管理表现为对设备的价值形态的管理，目的是使设备使用寿命周期全过程经济效益最大化。以上两个方面经常是矛盾的，找到它们的平衡点是设备管理追求的目标。设备的综合管理是实现设备的技术管理和设备的经济管理的重要保证。

设备管理的三个方面的内容都是紧紧围绕设备使用寿命周期全过程开展的，既相对独立又相互交织。从时间的角度，设备管理的内容又可分为设备前期管理、设备运行管理、设备改造与更新管理等。

1）设备前期管理

设备前期管理是从规划到设备运行初期这一阶段的管理工作。它包括设备规划，设备选型，设备安装、调试与验收，以及设备前期管理中的经济性评价。设备前期管理的内容丰富，几乎占整个设备管理全过程的1/2。设备前期管理的重要性也越来越突出，成为企业发展和竞争的关键环节。所以越是大型、规范的企业，对设备前期管理越重视。

（1）设备规划。设备规划是设备前期管理遇到的首要问题，其重要性也是显而易见的。设备规划失误往往会造成资金的巨大浪费，甚至会导致企业破产。设备前期管理的其他内容如设备选型、安装、调试、验收及初期管理不善虽可能会对企业造成不良影响，但不一定是致命的，一般是可以补救的；而规划的错误对企业的影响往往是战略性的。

（2）设备选型。设备选型是设备规划之后又一个重要的环节，一般应由企业的设备管理部门负责。对于重要、大型、流程型设备，设备管理部门应组织机械、电器、仪表等各方面专家成立专家小组进行选型订货工作。选型以规划的要求为目标，对不同厂家、不同品牌、不同规格性能的同类设备进行比较筛选，一般通过强制评分法进行定量分析计算，最后在多方案中选优。

（3）设备安装、调试与验收。按照设备工艺平面布置图及有关安装技术要求，将已经到货并开箱检查的外购设备或大修、改造、自制的设备安装在规定的基础上，进行找平、稳固，达到安装规范的要求。设备安装完成后，必须通过调试、运转、验收，使之满足生产工艺的要求。安装调试对确保一次试车成功和今后设备的长期稳定运行起着至关重要的作用。

（4）设备前期管理中的经济性评价。企业在选购设备时要进行经济性评价，其目的是通过对几个设备选择方案的投资费用、使用费用、设备投入运营预期收益进行对比分析，选择技术性能好、经济性佳的方案。经济性评价的方法很多，如投资回收期法、年费法、现值法等。

2）设备运行管理

设备运行管理指设备在正常使用过程中进行的设备管理。设备运行管理的主要内容是企业运用管理手段管理操作者如何用好和维护好设备。设备运行管理主要包括以下几个方面。

（1）建立合理的设备运行制度：建立岗前技术培训和上岗凭证操作制度，操作工人使用设备前必须接受技术培训，学习设备的结构、操作、维护和安全等基本知识，了解设备的性能和特点，同时进行操作技术学习和训练。理论学习和实际操作技术考核合格后，颁发操作证，凭证上机操作。

（2）建立严格的设备操作规程：做到设备使用、维护和保管的职责落实到人，这是一条行之有效的设备管理措施。具体做法：单人使用的设备由操作者个人负责，多人使用的设备由班长或机长负责，公用设备制定专人负责。

（3）建立设备使用管理规章制度：主要包括设备使用守则、设备操作规程、设备维修规程、操作人员岗位责任制等，建立健全并严格执行这些规章制度，是合理使用设备的重要措施。

（4）配备设备管理人员：设备管理人员的职责是负责拟定设备使用守则、设备操作规程等规章制度；检查、督促操作工人严格按使用守则、操作规程使用设备；在企业有关部门的配合下，负责组织操作工人进行岗前技术培训；负责设备使用期内信息的储存、传递和反馈。

3）设备改造与更新管理

设备改造与更新直接影响企业的技术进步、产品开发和市场开拓。因此，从企业产品更新换代、发展品种、提高质量、降低能耗、提高劳动生产率和经济效益的实际出发，进行充分的技术分析，有针对性地利用新技术和改造现有设备，是提高企业素质和市场竞争力的一种有效方法。

（1）设备改造：应用现有技术成果和先进经验，以满足生产需要为前提，改变现有设备的结构，为旧设备安装新部件、新装置、新附件，以改善现有设备的技术性能，提高设备的技术含量，使之达到或局部达到现代化设备的水平的过程。设备改造是克服现有设备的陈旧、局部更新设备的方法。

（2）设备更新：采用新的设备替代技术性能落后、经济效益差的原有设备。设备更新是设备综合管理系统中的重要环节，是企业走内涵型扩大再生产的主要手段之一。

3. MES 中设备管理功能

设备管理是 MES 中的一个重要组成部分，MES 中的设备管理模块一般包含基础数据、巡检管理、设备故障管理、设备维修等功能模块。设备管理功能模块如图 2-16 所示。

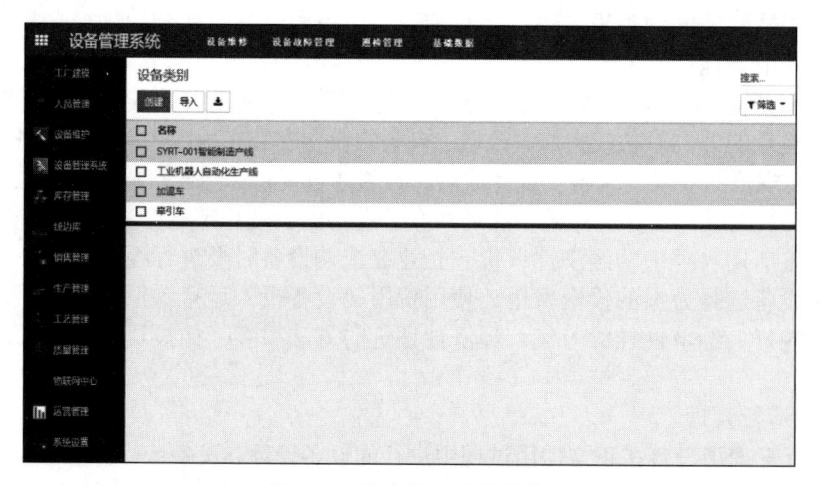

图 2-16　设备管理功能模块

1）基础数据

基础数据包含设备信息的增加、修改、删除、查询等操作；可以设置设备类别，建立设备档案信息，记录设备类别、编号、型号等设备信息。设备基础信息配置界面如图 2-17 所示。

图 2-17　设备基础信息配置界面

2）巡检管理

巡检管理是设备在使用过程中对设备的日常检查进行信息记录，包含设备选择、巡检方案选择、巡检人、巡检方案创建时间及检修项目设置等信息。设备巡检信息界面如图 2-18 所示。

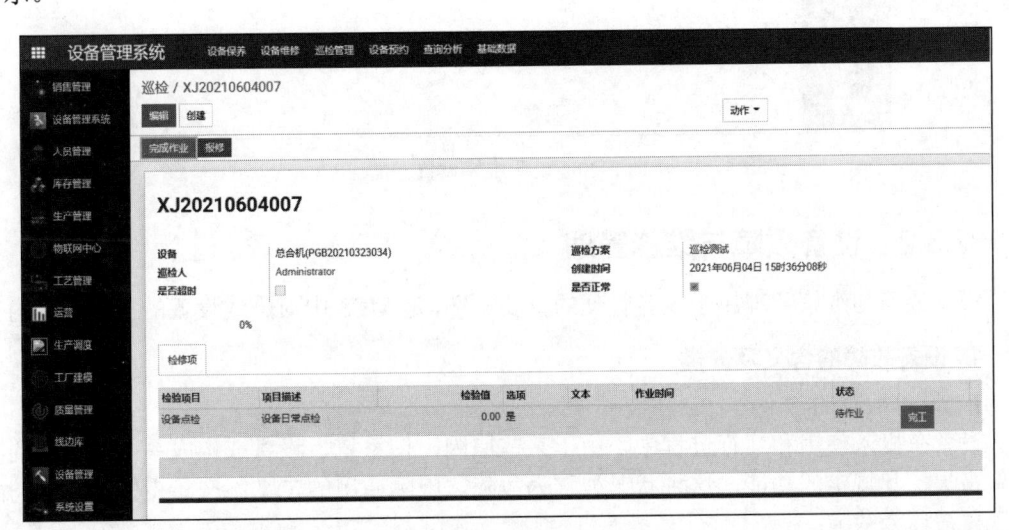

图 2-18　设备巡检信息界面

3）设备故障管理

设备故障管理包含设备故障类别设置、设备故障描述、设备故障处理等设置。设备故障类别设置界面如图 2-19 所示。

图 2-19 设备故障类别设置界面

4）设备维修

设备维修包含故障报修登记、故障派工、执行工单及委外维修等内容。设备维修设置界面如图 2-20 所示。

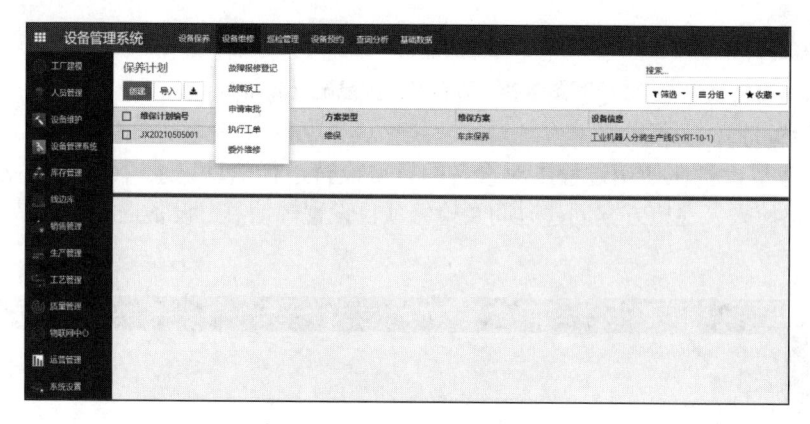

图 2-20 设备维修设置界面

2.3.2 设备故障与维修管理

设备故障与维修管理属于设备管理的重要一环，是 MES 中对产线设备的主要管理内容。

1. 设备故障的含义及分类

1）设备故障的含义

设备在投入使用和运行过程中，由于某些原因，使系统、设备或构成系统、设备的零部件丧失了其规定的功能，这种状况被称为故障。国际通用的定义：产品丧失其规定功能的现象被称为故障。

2）设备故障的分类

（1）按故障发生是否与时间有关分类。

①突发性故障：事先没有明显征兆而突然发生的故障，是一种无发展期的随机故障。因为发生故障的概率和时间无关，所以无法预测故障。

②渐进性故障：该类故障是由于设备的有形磨损或其他方面的原因，设备规定的功能逐渐变差，以至完全丧失。故障出现前一般有较明显的征兆，这种故障发生的概率与时间有关，可以进行早期预测、预防和控制。

（2）按故障持续时间的长短分类。

①间歇性故障：设备的零部件在短期内由于某种原因而引起的故障，经过调整或修理，即可使设备恢复到原有的功能状态。

②永久性故障：设备丧失某些功能，只有通过项目修理或大修理、更换零部件才能恢复。

（3）按故障发生的宏观原因分类。

①设备固有故障：由于设备设计或设备制造上的原因，设备本身不能承受其能力允许的最大负载而丧失使用功能造成的故障。

②磨损故障：设备在长期使用过程中，由运动件相互摩擦使机件产生磨损而引起的故障。

③操作不当与维护不良引起的故障。

（4）按故障造成功能表现的程度分类。

①功能故障：故障表现明显，主要表现在不能完成规定的功能。

②潜在故障：由于材质的缺陷、零部件制造精度不良等原因，致使设备在一定条件下引发的故障，但在具体的功能上表现不明显。

2. 设备发生故障的原因及发展规律

1）设备发生故障的原因

造成设备发生故障的原因很多，如设备的设计质量、制造质量、安装调试水平，使用的环境条件，设备使用中的维护保养，操作人员的素质，设备管理人员的素质和水平，设备零件的磨损、腐蚀和零件材质的老化等。设备故障的发生受设备自身和外界多方面因素的影响，有的故障发生是由于某种因素起主导作用，有的故障发生是由于几种因素综合作用的结果。从宏观上看，设备发生故障的原因，除了在正常使用过程中由于零部件的有形磨损没有得到有效补偿，还有以下几个方面的原因。

（1）设计错误，如应力过大，应力集中，材料、配合、润滑方式选用不当，对使用条件、环境影响考虑不周。

（2）原材料缺陷，如材料不符合技术条件要求，存在铸锻件缺陷、热处理缺陷等。

（3）制造缺陷，如机械加工、压力加工和装配缺陷，焊接缺陷，热处理变形等。

（4）运转中的问题，如过载、过热、腐蚀、润滑不良、操作失误、维护不当、修理不当等。

从微观上看，设备发生故障的原因为设备中零件的强度因素与应力因素和环境因素不相适应。

2）设备故障的发展规律

设备从投入运行到大修或报废，故障的发生是有一定规律可循的。研究表明，设备在使用寿命周期内的故障变化情况如图 2-21 所示。

（1）第一阶段被称为早期故障期：该阶段的故障主要是由设计和制造中的缺陷造成的，有时是由操作不习惯、新装配的零件没有得到适当的磨合、搬运和安装的大意及操作者不适应等原因造成的，开始时故障率较高，随后逐渐降低，再过一段时间故障率就比较稳定。

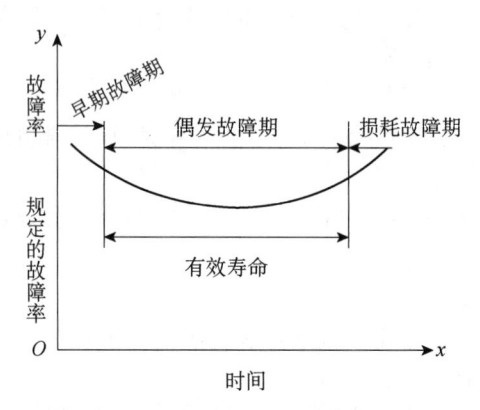

图 2-21 设备在使用寿命周期内的故障变化情况

(2) 第二阶段被称为偶发故障期：该阶段的设备已进入正常运转阶段，故障较少发生，主要由操作失误、保养不善、设备使用条件不完备所致。该阶段持续时间较长，是设备的实际使用期，决定着设备使用寿命的长短。

(3) 第三阶段被称为耗损故障期：该阶段因为构成设备的某些零件已经老化或进入急剧磨损阶段，所以故障率上升。这时设备已经不能正常工作，必须停机检修，更换已损坏的零件，以降低故障率，延长设备的有效使用寿命。

设备故障率曲线变化的三个阶段，真实地发映出设备从磨合、调试、正常工作到大修或报废故障率变化的规律。加强设备的日常管理与维护和保养，可以延长偶发故障期。准确地找出拐点，可以避免过剩修理或修理范围扩大，以获得最佳投资效益。

3. MES 中设备故障管理

在 MES 中的设备故障管理是对设备故障发生后进行管理的一系列活动，属于基于设备故障响应的维护。设备故障管理界面如图 2-22 所示。

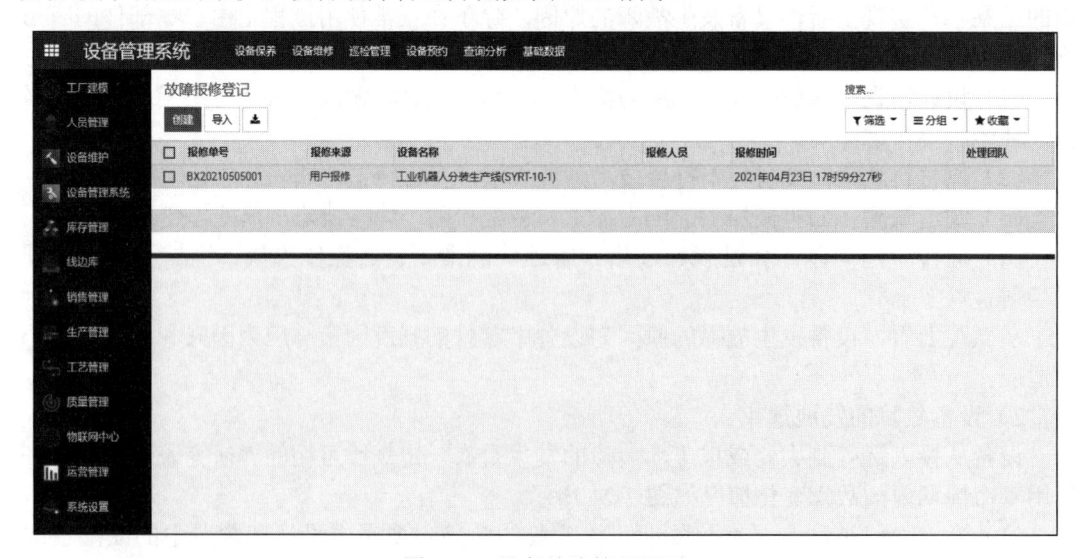

图 2-22 设备故障管理界面

设备故障管理包括以下几个方面。

1)设备故障报修登记

在 MES 设备故障管理中,当生产线出现异常停机时,应根据故障信息进行故障描述信息配置,将生产线异常情况提交至 MES 设备故障管理中。设备故障报修登记界面如图 2-23 所示。

图 2-23 设备故障报修登记界面

2)设备故障报修派工单配置

当 MES 接收到设备故障报修时,设备管理员根据设备故障信息制订维修计划,调用可用资源,派发故障处理任务工单;MES 可以显示当前故障报修派工单当前状态(任务是否完成、是否需要委外维修)。设备故障报修派工单配置界面如图 2-24 所示。

图 2-24 设备故障报修派工单配置界面

3)修理完工汇报单配置

维护人员接到故障处理任务工单,到现场排除设备故障,并根据维修过程,记录故障维修情况,填写修理完工汇报单,并将维修更换物品名称、信息、规格保存至 MES 中。修理完工汇报单配置界面如图 2-25 所示。

图 2-25 修理完工汇报单配置界面

4)委外维修

当因设备故障工作量较大或故障维修无法自主解决时,可进行委外维修。进行委外维修时需要填写设备名称、故障相关信息、委外厂家及委外费用。委外维修配置界面如图 2-26 所示。

图 2-26 委外维修配置界面

2.3.3 设备维护管理

1. 设备维修制度

设备维修制度是对设备进行维护、检查、修理所规定的一系列规章制度。从事后维修阶段发展到现在,设备的维修制度也是在不断提高、完善和发展的,到目前为止,设备维修制度主要有以下几种。

1）计划预防维修制

计划预防维修制又被称为计划预修制，是20世纪30年代初由苏联创立，我国工业企业于20世纪50年代引进的一种设备维修制度。计划预修制是根据设备的一般磨损规律和技术状态，按预定修理周期及其结构，对设备进行维护、检查和修理，以保证设备经常处于良好的技术状态的设备维修制度。计划预修制特别强调通过计划对设备进行周期性修理，其中包括按照不同设备和不同使用周期安排设备的大修、中修和小修。

计划预修制的主要内容有日常维护、定期检查、计划修理。日常维护包括设备日常点检及保养，对设备关键部位进行点检及保养可以及时发现设备存在的问题并解决问题。定期检查指定期通过外部观察、试运转或拆卸部分部件来查明设备精度、零部件磨损情况，并进行设备调整和消除小的缺陷。计划修理的方法包括标准修理法、定期修理法和检查后修理法，成为计划预修制下三种不同的设备修理方法。

计划预修制的优点：克服了事后修理法的缺陷，能及时发现设备存在的隐患，防止设备发生意外损坏，避免设备急剧磨损，延长设备的使用寿命。同时，由于强调修理工作的计划性，有利于做好修理前的准备工作，缩短修理时间，提高维修效率，大大降低了因事后维修造成的停机损失。

计划预修制的缺点：维修的经济性和设备基础保养考虑不足，且由于维修计划固定，较少考虑设备实际负荷情况，容易产生维修过剩或维修不足的问题，其综合经济效益并不理想。

2）计划保修制

计划保修制是从20世纪60年代起，我国在总结计划预修制的经验和教训的基础上逐步建立的一种专群结合、以防为主、防修结合的设备维护制度，突出强调维护保养工作的预防性维修制度。它的主要内容和措施是日常保养、一级保养、二级保养、计划大修，其核心在于有计划地对设备进行三级保养和修理。

计划保修制对计划预修制中的修理周期结构，包括大修、中修、小修的界限和规定进行了重大突破，把小修的全部内容和中修的部分内容在三级保养中解决了，将一部分的中修内容并到大修中。同时，又突破了大修和革新改造的界限，强调"修中有改""修中有创"，特别是对旧设备，把大修的重点转移到改造上，这是适合我国具体情况的重要经验，是计划预修制的重大发展，目前，国内企业大多推行计划保修制。

3）预防维修制

预防维修制是一种通过周期性的检查、分析来制订维修计划的管理方法，也属于预防性维修体系，多被西方国家采用。它与计划预修制的最大区别在于没有固定的修理周期和修理结构，强调通过定期检查设备，在故障处于萌芽状态时加以控制，或采取措施对设备进行预防性修理，以避免发生突发事故。预防维修制的优点是可以减少非计划的故障停机，检查后的计划维修可以部分减少维修的盲目性。预防维修制的缺点是由于当时检查手段、仪器尚比较落后，受检查手段和检查人员经验的制约，可能造成检查失误，进一步使维修计划不准确，仍可能造成维修过剩或不足。

4）生产维修制

生产维修制是以预防维修制为中心，兼顾生产和设备设计与制造而采取的多样的、综合的设备管理制度，以美国为代表的西方国家多采用生产维修制。生产维修制由以下四个部分组成。

（1）事后维修：设备出现故障再修，不坏不修。

(2) 预防维修：以检查为基础，包括定期维修和预知维修两个方面的内容。其中，预知维修指利用检测、状态检测和诊断技术，对设备状态进行预测，有针对性地安排维修，事先加以排除故障，从而减少和避免故障停机损失。

(3) 改善维修：不断利用先进的工艺方法和技术对设备进行改造，改正设备的某些缺陷和不足，提高先进性、可靠性及维修性，提高设备的利用率，降低维修费用。

(4) 维修预防：目的是使设备在设计时就赋予其高可靠性和高维修性，最大可能地减少使用中的维修次数，其最高目标可以达到无维修设计。维修预防提倡在设计制造阶段就认真地考虑设备的可靠性和维修性问题，从根本上防止故障和事故的发生，减少和避免维修。

5) 全员生产维修制

全员生产维修制是日本在学习美国预防维修的基础上，吸收设备综合工程学的理论和以往设备维修制度中的成就逐步发展起来的一种制度。我国于20世纪80年代开始引进、研究和推行全员生产维修制。

2. 设备维护管理活动的组成和步骤

1) 设备维护管理活动的组成

设备维护管理是一组协调、指导和跟踪设备的活动，针对车间的生产设备的管理活动，可以保证设备处于良好的技术状态，以便能够合理安排生产设备。常见的设备维护管理活动由八个活动组成，各活动的关系描述如图2-27所示。

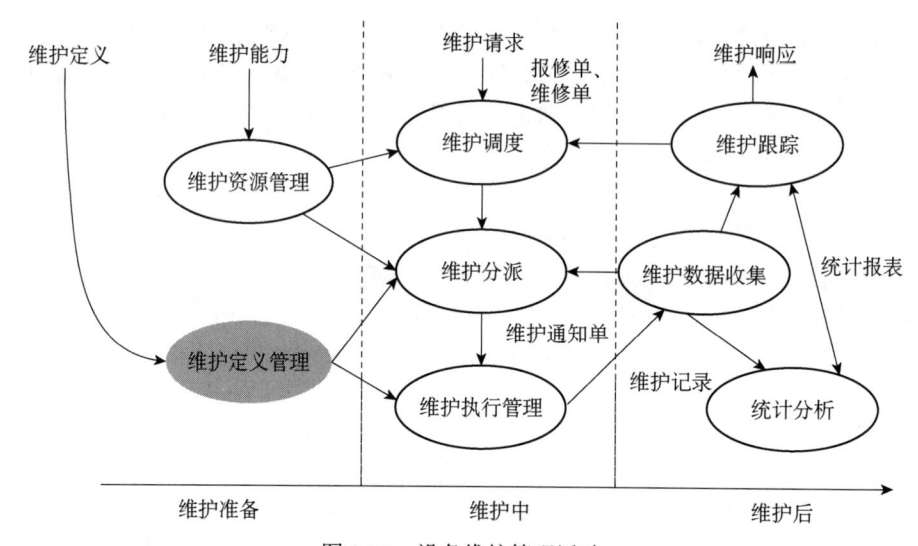

图2-27 设备维护管理活动

(1) 维护资源管理：提供对维护设备、工具和人员等资源的管理。

(2) 维护定义管理：提供对设备资料（如使用说明书、维护手册、维修操作手册和诊断程序等）的管理，用于指导维护人员的维护活动。

(3) 维护调度：根据维护请求及当前的生产计划、可用资源制订维护计划，明确维护执行人（部门）、执行时间等。维护请求可能是纠正的、预防的、提前的和基于状态的维护；可以是来自业务部门的，也可以是来自智能仪表和控制系统自动产生的基于设备状态的请求。维护请求的内容主要包括维护请求人、维护请求日期和时间、维护设备、优先级及请求描述等。

（4）维护分派：发出维护通知单，把维护请求分派到维护人员。维护通知单的主要内容包括分配的人员、分配的优先级及分派状态等。

（5）维护执行管理：对维护请求进行响应，产生维护工作通知单。维护响应的内容主要包括响应日期和时间、响应人、处理结果及响应描述等。

（6）维护跟踪：反映维护情况，形成维护活动报告。

（7）维护数据收集：收集设备维护请求时间、估计用时、实际用时、当前状态及维护人员等。

（8）统计分析：通过收集维护数据、分析问题，制定改进措施并进行改进，对维护成本和绩效进行分析。

2）设备维护管理的步骤

设备维护管理应编制维修计划，做好维护的各项准备工作；在拟定的周期或日期，根据维护计划行程维护工单，维修后应对维修工作进行详细的工作记录。一般的维护步骤如下。

（1）编制设备保养、点检、巡检、小修和大修等维护计划。

（2）分派任务，包括工单准备、签发。

（3）工单执行，包括维修人员执行维护，人工或使用现场终端执行设备巡检、点检，登记设备维修和检查情况及分析出现异常状态的设备。

（4）工单完成后反馈检修数据。

（5）管理人员监督计划执行和完成情况。

设备维护记录信息如表 2-2 所示。

表 2-2 设备维护记录信息

序号	设备维护信息项	示例
1	维修计划单号	WXJH2021001001
2	设备编号	SYRT001-01
3	设备名称	CKA6136 数控机床
4	计划停机时长	24 小时
5	计划开始时间	2021-03-02
6	计划结束时间	2021-03-03
7	维护开始时间	2021-03-02
8	维护结束时间	2021-03-03
9	维护内容	检查电器部件、液压、气压系统
10	承担单位	维修班
11	结论	设备正常
12	验收部门	设备部
13	维护人员	李明
14	计划状态	待检、检完

3. MES 中的设备维护管理

MES 中的设备维护管理包含设备维护、设备维护信息配置、点检方案配置、维保团队配置等功能，设备维护管理属于 MES 中设备管理的重要组成部分，可以实现生产车间无纸化的设备维护管理,对设备的维护信息进行汇总、分析,通过统计学方法,对设备的运行维护提出了一个量化评估指标。设备维护管理不仅提高了设备的利用效率,还加强了对设备运行状态的管控,有效地减少了设备因保养不当造成停机,减少了设备故障率。

1) 设备维护

MES 中设备维护一般包含保养请求、保养日历查询等内容;可以显示设备日、周、月保养计划与保养内容。设备维护界面如图 2-28 所示。

图 2-28　设备维护界面

2) 设备维护信息配置

MES 中设备维护信息配置一般包含设备类别、设备编号、设备型号、维保团队、工作中心、设备主要参数等信息。设备维护信息配置界面如图 2-29 所示。

图 2-29　设备维护信息配置界面

3）点检方案配置

MES 中点检方案配置包含方案类型、维保周期、维保项目等内容；可配置设备点检方案类型、设备信息等内容。点检方案配置界面如图 2-30 所示。

图 2-30　点检方案配置界面

4）维保团队配置

MES 中维保团队配置一般包含团队名称、团队成员等信息。维保团队配置界面如图 2-31 所示。

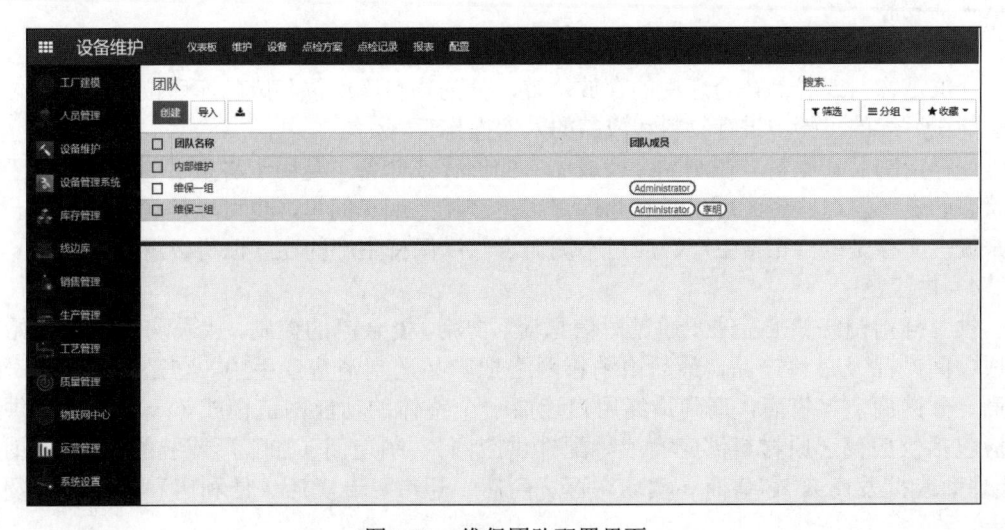

图 2-31　维保团队配置界面

2.4　物料管理

2.4.1　物料管理概述

物料管理是对企业在生产中使用的各种物料的采购、保管和发放环节进行计划与控制等管理活动的总称。物料管理是企业生产执行的基础，它接收来自生产执行层的物料请求，通过一系列物料管理活动的执行，对生产执行层进行及时的物料响应，生产执行层再根据物料响应结果做进一步的生产执行决策。

1. 物料管理相关概念

1）物料

物料是我国生产领域中的一个专业术语。生产企业习惯将最终产品之外的、在生产领域流转的一切材料（无论其是生产资料还是生活资料）、燃料、零部件、半成品、外协件，以及生产过程中必然产生的边角余料、废料及各种废物统称为物料。

对于多数企业来说，物料有狭义和广义之分。狭义的物料指用以维持产品制造所需要的原料、辅料、用料、零件、配件。广义的物料指与产品生产有关的所有的物品，包括原料、材料、配件、零件、间接材料、半成品（半制品）、工具、用品、设备、废品、包装材料、商品、产成品（制成品）等。

2）物料管理

物料管理起源于第二次世界大战中航空工业出现的难题。当时，生产飞机需要大量单个部件，很多部件非常复杂，而且必须符合严格的质量标准，这些部件又从地域分布广泛的成千上万家供应商那里采购，很多部件对最终产品的整体功能至关重要。

物料管理指对各种生产资料的购销、储运、使用等，所进行的计划、组织和控制工作。随着全球经济一体化进程的深入，企业间的合作更加紧密，物料管理的范畴也从以前的企业内发展到供应链融合阶段。因而，也有观点认为：物料管理指将规划、组织、用人、领导及控制五项管理功能，渗入企业生产与销售的过程中，以经济、合理的方法获取所需物料。

3）仓位与库存

仓位是物料或成品在仓库中的存放位置，分为物料库库位和成品库库位。设置仓位是为了能在后续的步骤中进行物料和成品的入库操作管理。

库存指制品（原料、在制品、产成品）的储存或储备，是用于将来目的而暂时处于闲置状态的资源。这些资源可以是在仓库里、生产线上或车间里，也可以是在运输途中。一般来说，库存是维持正常生产、应付不测需求，以保持生产的连续性所必需的。

4）供应链

供应链指围绕核心企业，通过对信息流、物流、资金流的控制，从采购原材料开始，制成中间产品及最终产品，最后由销售网络把产品送到消费者手中。它是将供应商、制造商、分销商、零售商，直到最终用户连成一个整体的功能网链模式。一条完整的供应链应包括供应商（原材料供应商或零配件供应商）、制造商（加工厂或装配厂）、分销商（代理商或批发商）、零售商（卖场、百货商店、超市、专卖店、便利店和杂货店）及消费者。

可以看出，供应链是一个范围更广的企业机构模式。它不仅是连接供应商和用户的物料链、信息链、资金链，更为重要的还是一条增值链。因为物料在供应链上进行加工、包装、运输等而增加了价值，从而给这条链上的相关企业带来了收益。这一点很关键。如果没有创造额外的价值，即增值，相关企业没有得到应有的回报，那么维系这条供应链的基础也就不存在了。

在由供应链构成的物流网络中，同一企业可能构成这个网络的不同组成节点，但更多的情况下是由不同的企业构成这个网络中的不同节点。例如，在某个供应链中，同一企业可能既处在制造商、仓库节点，又在配送中心节点等占有位置。在分工愈细、专业要求愈高的供应链中，不同节点基本上由不同的企业组成。在供应链的各成员单位间流动的原材料、在制品和产成品等构成供应链上的货物流。

供应链具备以下一些重要特征。

（1）供应链包括提供产品或服务给终端客户的所有活动及流程。

（2）供应链可以将任何数量的企业联系在一起。

（3）一个客户可能是另一个客户的供应商，因此在总供应链中可能有多种供应商、客户关系。

（4）根据产品和市场的不同，从供应商到客户可能会有直接的配送系统，避开一些中间媒介，如批发商、仓库和零售商。

（5）产品或服务通常从供应商流向客户，设计和需求信息通常由客户流向供应商。

对供应链观点的第一次重大变革可以追溯到准时制生产（Just in Time，JIT）概念的发展阶段。此概念在 20 世纪 70 年代由丰田汽车公司和其他日本企业首次提出。供应商伙伴关系是成功的准时制生产的主要特征。随着这一概念的发展，供应商被当作合作伙伴，而不是竞争对手。从这个意义上来说，供应商和客户有着互相联系的命运，一方的成功紧连着另一方的成功。企业的关注重点为伙伴之间的信任，很多正式的边界行为被改变或取消。随着伙伴关系概念的发展，在彼此的关系中发生了很多变化，包括以下三个方面。

（1）共同分析以降低成本。双方一起检查用于传递信息和配送零件的流程，其想法是双方都可以从中分享降低成本的收益。

（2）共同设计产品。过去客户通常将完整的设计方案交给供应商，供应商必须按照设计方案来组织生产。由于成为伙伴关系，双方共同协作，通常供应商将更多地了解如何制造某个特定产品，而客户将更多地了解设计方案的具体实施。

（3）信息流通的速度得到提升。准时制生产要求极大地减少流程中的库存，并根据实际需求快速配送，信息流通的速度变得非常重要。正式的、基于纸张的信息传送系统开始让位于电子数据交换和非正式的交流方式。

2. 物料管理的基本任务和工作内容

（1）物料管理的基本任务：搞好供、产、销平衡，按质、按量、配套、及时、均衡地供应企业所需要的各种生产资料，并监督和促进在生产过程中合理地、节约地使用物料。

（2）物料管理的工作内容：编制和执行物料采购供应计划；制定合理的、先进的物料消耗定额；确定正常的物料储备定额；积极组织货源，搞好物料订货、签订合同、采购、调剂、运输、调度等工作；搞好物料市场调查、预测，制定合理的、先进的物料储备定额，控制物料的合理库存量；提高仓库管理工作水平，做好物料的验收、保管、维护、发放和账务处理等工作；确定合理的、先进的物料消耗定额，综合利用，提高物料利用率；建立和健全各项规章制度等。

3. 物料管理的原则

通常意义上，物料管理部门应保证物料供应适时（Right Time）、适质（Right Quality）、适量（Right Quantity）、适价（Right Price）、适地（Right Place），这就是物料管理的五适原则，是对任何公司均适用且实用的原则，也易于被人们理解和接受。

1)适时

适时原则要求供应商在规定的时间内准时交货,防止交货延迟和提前交货,供应商交货延迟会增加成本,主要表现在以下两个方面。

(1)由于物料延迟,车间工序发生空等或耽搁,会打击员工士气,导致效率降低,浪费生产时间。

(2)为恢复正常生产计划,车间需要加班或在法定假期出勤,导致工时费用增加。因此,应尽早发现可能的交货延迟,从而防止增加工时费用;同时,也应该控制无理由的提前交货,否则会增加成本。主要原因:①交货提前会造成库存加大,库存维持费用提高;②占用大量流动资金,导致公司资金运用效率恶化。

2)适质

适质原则要求供应商送来的物料和仓库发到生产现场的物料,质量应是适当的、符合技术要求的。最适当的并非是品质第一,过分追求品质会导致成本增加。因此,适质指物料符合其品质规范的均匀品质,低于规范品质和过分高于规范品质均应被视为不合规范而拒收。保证物料适质的方法如下。

(1)公司应与供应商签订质量保证协议。

(2)设立来料检查职能,对物料的质量做确认和控制。

(3)必要时,派检验人员驻供应商工厂(一般针对长期合作的、稳定的供应商,且该供应商的订单达到其产能的30%以上);同时,不应将某个检验人员长期派往一个供应商处,以防期间关系发生变化。

(4)必要时,定期对供应商质量体系进行审查。

(5)定期对供应商进行评比,促进供应商之间形成良性、有效的竞争机制。

(6)对低价位、中低质量水平的供应商制订质量扶持计划。

(7)必要时,邀请第三方权威机构做质量验证。

3)适量

采购物料的数量应是适当的,即对买方而言是经济的订货数量,对卖方而言是经济的受订数量。在物料管理中所称的适量有下列两层含义:一是采购的经济批量,二是最适当的存量。唯有尽量采用经济批量,对应的物料成本才会尽可能降低。适量指在存量不短缺的情况下的最低存量。

确定适当的订货数量应考虑以下因素。

(1)价格随着采订货数量变化的幅度。一般来说,订货数量越大,价格越低。

(2)订货次数和采购费用。

(3)库存维持费用和库存投资的利息。

4)适价

适价指最适当的价格,即采购物料的价格应该在保证适当的物料品质、交货期和其他交易条件的前提下达到最低;采购价格的高低直接关系到最终产品或服务价格的高低,在确保满足其他条件的情况下力争取得最低的采购价格是采购人员最重要的工作。采购部门的职能包括标准化组件、发展供应商、发展替代用品、评估和分析供应商的行为。为了达到这一目标,采购部门应该在以下领域拥有决策权。

(1)选择和确定供应商。

(2)使用任何一种合适的定价方法。

（3）对物料提出替代品。采购部门通常能够提供目前在用物料的替代品，而且也有责任提请使用者和申请采购者关注这些替代品。当然，是否接受这些替代品最终要由使用者或设计者做出决定。

（4）与潜在的供应商保持联系。采购部门必须与潜在的供应商保持联系。如果使用者直接与供应商联系，而采购部门又对此一无所知，将会产生"后门销售"，即潜在的供应商通过影响使用者对物料规格方面的要求成为唯一的供应商，或是申请采购者私下给供应商一些许诺，从而使采购部门不能以最低的价格签订理想的合同。如果供应商的技术人员需要和公司技术人员或生产人员直接交换意见，采购部门应该负责安排会谈并对谈判结果进行审核。

5) 适地

物料原产地的地点应适当，与使用地的距离越近越好。距离太远，运输成本大，无疑会影响价格，且沟通协调、处理问题不方便，容易造成交货延迟。

高科技行业普遍对产品质量要求很高，致使各企业对生产制造环节管理越来越精细，但对产品的物料管理环节依旧保持粗放的管理风格，使物料在很大程度上占用了企业资金，无形中导致成本增长，利润下降。物料管理是企业内部物流各环节的交叉点，衔接采购与生产、生产与销售等重要环节，是关乎企业成本与利润的生命线。不仅如此，物料管理还是物资流转的重要枢纽，甚至关系到企业的存亡。

物料管理的目标是降低成本；提高周转率；缩短生产周期、交货期，以提升市场竞争优势；提高物料人员效率，以此降低物料人员的薪资成本；建立优良的供应商关系，以维持物料供应的持续性。

4. MES 物料管理

在 MES 中，主要关注车间内部的物料管理，即物料在车间内的转移和使用，更具体地说是与具体生产订单对应的物料转移活动。MES 物料管理一般包含物料基础配置、物料调拨类信息设置、库存移动报告等相关功能。物料管理界面如图 2-32 所示。

图 2-32 物料管理界面

1）物料基础配置

物料基础配置根据物料信息，设置物料的库位相关信息，一般包含库位位置信息、物料名称、物料编号、移动数及批次/序列号等相关信息。物料基础配置界面如图 2-33

所示。

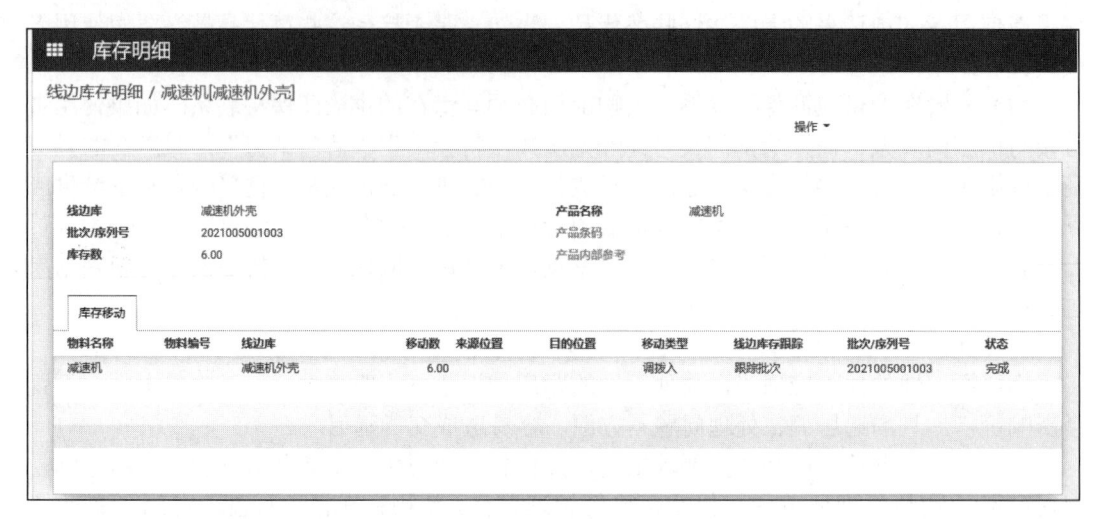

图 2-33 物料基础配置界面

2）物料调拨类信息设置

物料调拨类信息设置根据生产任务及销售订单，进行物料调拨信息设置，包含联系人、产品名称、作业类型、物料的源位置及目的位置等信息设置。物料调拨信息设置界面如图 2-34 所示。

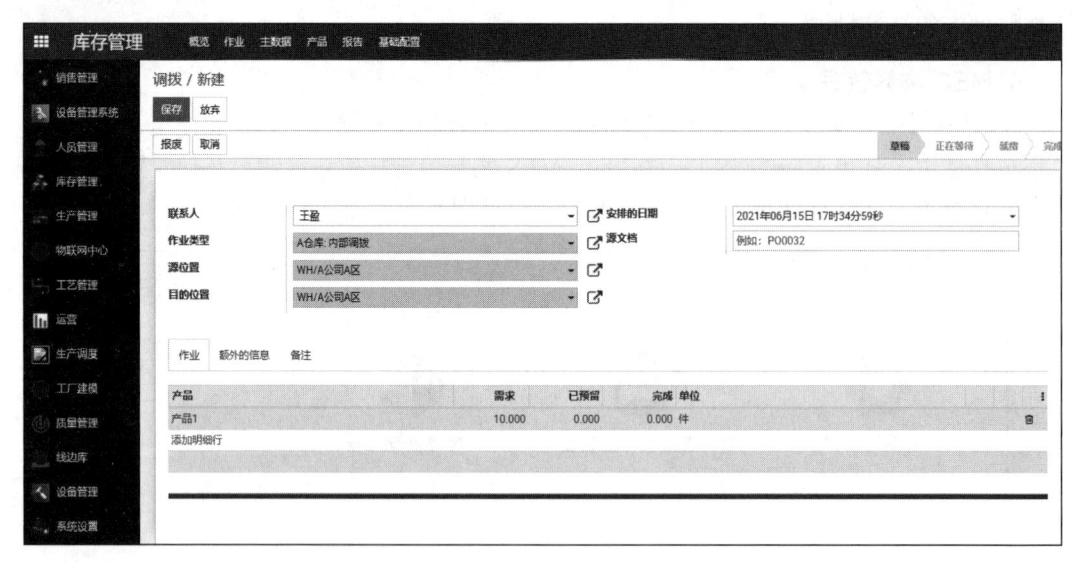

图 2-34 物料调拨信息设置界面

3）库存移动报告

物料基础信息设置完毕后，根据生产任务及销售订单，需要进行物料调拨，物料调拨后，需要将物料调拨信息分析汇总，将调拨用的物料信息进行登记，包含物料名称、物料编号、移动数、来源位置、目的位置、移动类型及状态等相关内容。库存移动报告界面如图 2-35 所示。

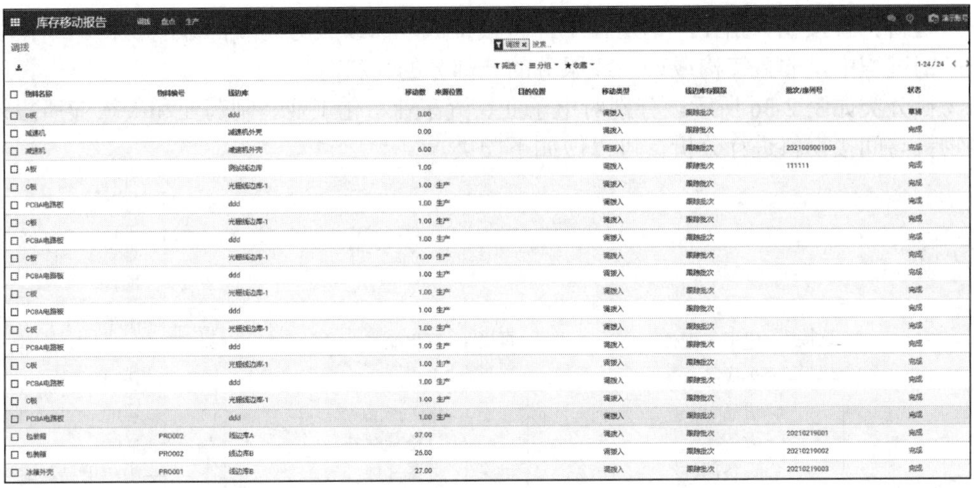

图 2-35 库存移动报告界面

2.4.2 物料分类

物料分类与物料编号是物料管理工作的基础，只有建立良好的分类标准与科学合理的编号体系，才能进行有效的物料管理。

1. 物料分类的概念、原因和基础工作

1）物料分类的概念

物料分类指将组织机构内所有物料系统地进行分门别类的活动。任何组织所使用的物料种类都相当多，倘若不设法做好物料分类工作，则物料管理的功能难以得到发挥，物料管理效能势必会大打折扣。如此一来，企业整体的经营与发展势必会受到影响。

2）物料分类的原因

（1）物料分类是物料管理的基础工作。基础工作不健全，则物料管理难以充分发挥其功能。只有有了健全的物料分类，才能实现物料管理合理化及信息化。通常来说，汽车厂、化工厂、发电厂等的物料项目均数以万计，做好物料分类工作，即为做好管理工作的基础。

（2）物类分类是物料编号的基础工作，两者是一体的，应配合一致。无论是行政事业单位的行政管理，还是企业内部的财务管理，都已普遍采用计算机信息化管理。其中的人员及事物的分类仍以编号为基础，若分类与编号不一致，则必然发生管理上的混乱。同理，若任何企业的物料分类及编号混乱，则物料编号功能尽失，物料管理功能难以发挥作用。

3）物料分类的基础工作

（1）物料规格的标准化。物料规格倘若能标准化，就不会产生不必要的物料规格，进而简化了物料分类。

（2）产品规格的标准化。产品规格的标准化受产品发展策略与市场产品策略的影响，无论是采取标准批量生产还是定制生产，只要实现产品规格标准化，就能避免物料种类过于庞杂。

2. 物料分类的领域

依据美国运营管理协会，物料的定义相当广泛，除企业在产销过程中需要直接投入的物品外，还涉及间接投入的物品。直接投入的物品被称为直接物料，间接投入的物品被称为间接物料。直接物料指在产销过程中，直接构成产品或服务的一部分的物料。间接物料指在产销过程中，非直接构成产品或服务的一部分的物料。

物料分类如图 2-36 所示，分别对电子业、汽车业、化工业、制药业和餐饮业所投入的直接物料与间接物料进行分析，可以做如下归类。

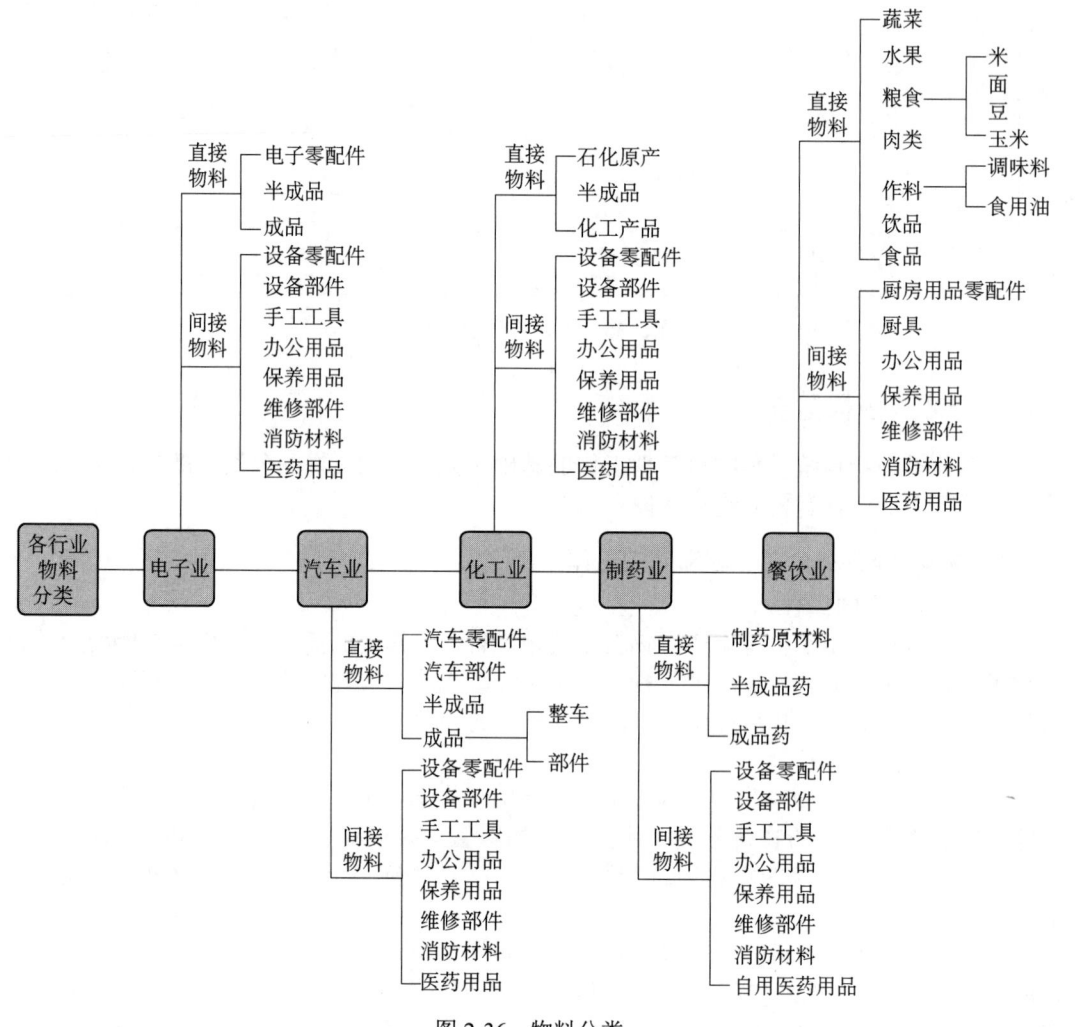

图 2-36　物料分类

（1）直接物料。直接物料指在产销过程中直接构成产品或服务的一部分的物料，包括原料、零件、部件（组件）、半成品、成品。

（2）间接物料。间接物料指在产销过程中非直接构成产品或服务的一部分的物料，包括机器设备零件、手工工具、办公用品、保养用品、维修备件、消防材料、医药用品等。

（3）包装材料。包装材料属于直接物料还是间接物料？在回答这个问题之前，应该先了解包装材料是否构成产品或服务的一部分。通常根据用途的不同，包装材料可以分为两类：一类是在生产过程中的周转物料（如各类转运框、装具等），另一类则是可销售商品的外包装（如装酒的酒瓶与纸盒、装电视的纸箱）。前者可以被理解为服务的一部分，后者可以被理解为构成成品的一部分。

人们对包装材料有两种说法：一种为该包装材料为间接物料（如生产过程中周转物料

的包装），不构成产品或服务的一部分。另一种则为该包装材料为直接物料（如可销售商品的外包装），该说法认为，包装材料伴随着产品或服务一起销售给顾客，只有通过这些包装材料，产品或服务才能够得到正常销售并使产品或服务增值，因而将包装材料视为产品或服务的一部分。

（4）呆废料、不良品和下脚料。呆废料、不良品和下脚料需要根据"是否可以回收"或"是否可以再生产"判定其残值。

3. 物料分类的原则

物料分类的原则指物料分类所遵循的指导方针，通常企业宜依据以下六项原则进行物料分类。

（1）完整性：企业的任何物料皆有类可归，物料的分类涵盖了企业所使用的全部物料。

（2）唯一性：企业所使用的任何物料都只能被归为其中某一类，而不能被归为其他类，即企业所使用的所有物料都有其特定的种类可归，彼此间相互排斥。

（3）一致性：物料分类的标准必须前后保持一致，遵循固定的原则或逻辑进行物料分类的工作，中途不可以任意变更或违反固定的原则或逻辑。

（4）阶层性：物料分类系统包含大分类、中分类、小分类三个阶层，阶层分明、井然有序。

（5）实用性：物料分类系统必须完全配合企业产销活动的实际需要，过于复杂的物料分类，容易脱离现实而不切实际。

（6）伸缩性：物料分类必须配合企业中长期发展的需要。换句话说，企业中长期发展所产生的新物料皆能涵盖于该物料分类中，而不必变更该物料分类系统。

4. MES 中物料分类

在 MES 中，物料按照生产状态可以分为原材料、半成品和产成品。通常在产线上的物料管理主要是针对原材料和半成品，产成品是在生产完成后装箱由仓库管理人员进行入库。

1）原材料信息配置

在 MES 中，原材料信息包含产品名称、产品类型、条码等基础信息配置，可以设置相应的替代产品和附件产品信息。原材料信息配置界面如图 2-37 所示。

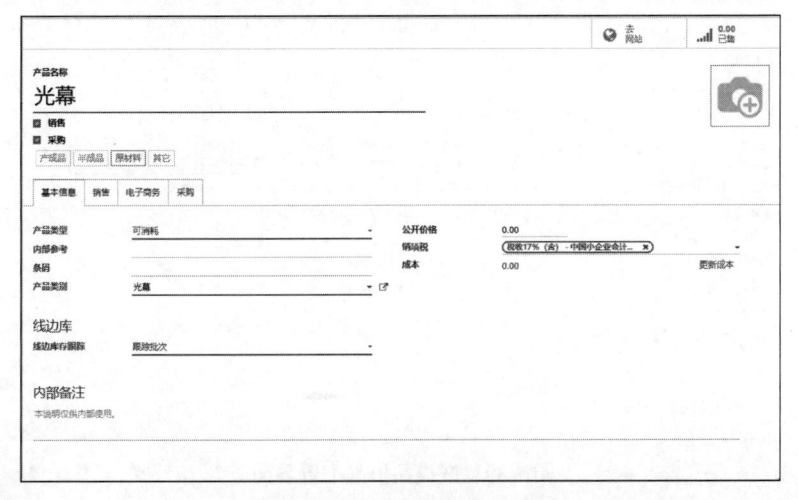

图 2-37 原材料信息配置界面

2）半成品信息配置

在 MES 中，半成品信息包含产品名称、产品类型、工艺路线、生产批量等信息配置，可以设置相应的替代产品和附件产品信息。半成品信息配置界面如图 2-38 所示。

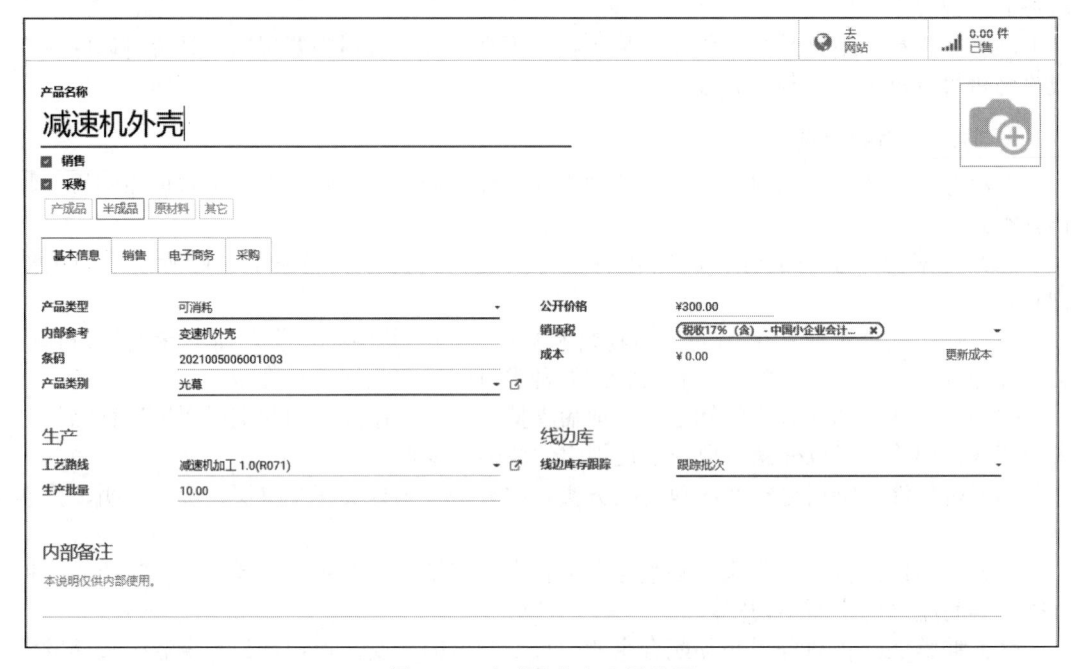

图 2-38　半成品信息配置界面

3）产成品信息配置

在 MES 中，产成品信息包含产品名称、产品类型、产品类别、销售等信息配置，可以设置销售订购数量和备注说明。产成品信息配置界面如图 2-39 所示。

图 2-39　产成品信息配置界面

2.4.3 物料编号

1. 物料编号的含义

物料编号是以简短的文字、符号或数字、号码来代替物料、品名、规格或其他有关事项的一种管理工具,其目的在于以简化的代号来代表并说明物料品目,扬弃冗长的陈述,进而提高管理效率。物料编号是依据物料分类的内容进行的,物料分类先行而物料编号随之,两者往往"形影不离"。

2. 物料编号的功能

物料编号的功能与物料分类的功能其实是相同的。物料编号具有下列六项功能。

(1) 增加物料信息的正确性:物料的采购、请购、验收、储存、领发、料账、盘点、记录等物料管理作业均可以通过物料编号进行,以使物料管理作业更加准确,不至于发生一物多号或者一物数名的错乱情况。

(2) 提高物料管理工作的效率:有序排列的物料,以物料编号代替文字记述,可以简化物料管理工作,提升物料管理工作的效率。

(3) 减少物料存量和资金占用:物料编号有利于控制物料存量及减少呆废料,可以减少物料存量,从而减少物料存量的资金占用。

(4) 防止物料舞弊事件发生:物料一经编号,对其记录正确而迅速,可以防止物料舞弊事件发生。

(5) 方便计算机处理:物料编号是物料管理的基础,有利于物料管理合理化、规范化,并方便计算机进行处理。

(6) 便于供应链信息传递和物料领用:完整的物料编号系统有助于企业供应链系统的建立,使供应商、采购部门、车间、仓库、配送系统、中间商、零售商之间的信息传递更加迅速、正确;物料领用统一编号、避免歧义,从而更加快捷、方便。

3. 物料编号的原则

物料编号的原则指物料编号所遵循的指导方针,如果不遵循物料编号的原则进行编号,则物料编号在应用过程中极易出现问题,导致管理上出现失误,使企业付出更高的成本。通常,企业依照下列 10 项原则进行物料编号。

1) 简单性

物料编号的目的在于将物料化繁为简,以便处理物料活动。倘若物料编号过于繁杂,则违背了编号的目的。因此,物料编号应使用英文字母、符号或数字来编制,并力求简单、明了,以节省阅读、填写、抄录的时间,并减少可能出错的机会。

2) 分类展开性

物料复杂时,在物料编号大分类后还要对其再加以细分。倘若采用阿拉伯数字进行物料编号,则每段(级)最多只能细分成 0~9 共 10 个项目。倘若采用英文字母进行物料编号,则有 26 个细分项目。然而,细分项目太多,处理不易;细分项目太少,则分类展开太慢。

3) 完整性

完整性指企业所使用的任何一种物料都有唯一的物料编号对应,倘若有任何一种该企业所使用的物料无物料编号或有两种及两种以上的物料编号,则此物料编号违背了完整性。

新物料的产生特别容易破坏物料编号的完整性。因此，每当新物料产生时，即应赋予新的物料编号，并在企业内规定：在没有赋予新的物料编号时，采购部门不得从事采购；或者是，没有物料编号的新物料被采购进来，会计部门发现物料订购单缺乏物料编号时，应立即请采购部门补填物料编号，否则不予付款。

4）唯一性

唯一性指一个物料编号只能代表唯一的一项物料；或者说，一项物料只能找到一个唯一的物料编号，即同一项物料不能有两个或两个以上的物料编号，一个物料编号无法代表数项物料。

5）一贯性

物料编号既要统一又要有一贯性。例如，某项物料以年限为分类标准，就应一直沿用下去，中途不能变更为以产地或性质来分类。倘若必须这么做，则需要分层级进行。

6）伸缩性

物料编号要考虑到未来新产品的发展及产品规格变动，而使物料扩展或变动的情形，应预留编号，否则未来有新物料进入时，就会出现新物料无号可编的情形。

7）组织性

组织性指物料依据编号系统，井然有序地组织与排列，以便随时可以从物料编号中查知某项物料的账卡或资料。物料编号的组织性可以保证物料管理作业的顺畅，并省去不少不必要的麻烦。

8）适应机械性（计算机化）

适应机械性（计算机化）是提升物料管理效率的利器，而物料编号正是物料管理计算机化最重要的基础工作。因此，物料编号必须符合计算机化的原则，机械性被应用于科学管理，也可以被理解为适应于计算机信息处理。例如，不要使用一些特殊的符号来编号（如"\"、"/"、"("、"、"、"^"、"&"、"《》"、"*"、"+"、"-"、"="、"%"、"?"、"!"、空格等）；通常宜采用汉字、阿拉伯数字、英文字母来编号。

9）充足性

物料编号所采用的英文字母、符号或数字，必须有足够的数量，以满足将来物料扩展时的实际需要，避免遇到特殊物料时无号可编的情况，否则物料系统会遭受破坏。如果因为物料编号遭受破坏而变更编号规则，则会费时、误事。

2.5 仓库管理

2.5.1 仓库管理概述

仓库管理（Warehouse Management）也被称为仓储管理，指对仓储货物的收发、结存等活动的有效控制。仓库管理的目的是使企业保证仓储货物完好无损，确保生产经营活动的正常进行，并在此基础上对各类货物的活动状况进行分类记录，以明确的图表方式表达仓储货物在数量、品质方面的状况，以及所在的地理位置、部门、订单归属和仓储分散程度等情况的综合管理形式。

1. 仓库管理相关概念

（1）线边库：又被称为暂存库，是生产企业的物流仓库，包含常规仓库和生产线边上的暂存库。线边库通常为方便生产线生产的通用性物料存放点，线边库的作用主要是支持生产线的不间断生产。

（2）仓库管理系统：实时的计算机软件系统，它能够按照运作的业务规则和运算法则，对信息、资源、行为、存货和分销运作进行更完美的管理，最大化地满足有效产出和精确性的要求。

（3）产品入库：企业购买的原料通过加工、制造，最后得到的可以销售的成品，此时的成品入库成为库存商品的操作。

（4）产品出库：从仓库中根据出库单提取原料、半成品和成品的操作。

（5）库存管理：主要是对制造业生产全过程的各种原料、半成品和成品及其他资源进行管理和控制，使其储备保持在经济合理的水平上。

（6）调拨管理：根据产品动销情况、季节销售特点、产品整合需要或补货需要，对产品进行有效的调动，是产品周转和疏通的重要辅助工作。

（7）盘点管理：将仓库内现有原物料的存量进行实际清点，以确定库存物料的数量、状况及储位等，使实物与信息记录相符。

2. 仓库管理的内容

仓库管理活动主要是在商品流通过程中货物储存环节的经营管理，其管理的内容既有属于技术方面的，也有属于经济方面的，主要包括以下几个方面。

（1）仓库选址与布点：包括仓库选址应遵循的基本原则、考虑的基本因素及技术方法，多点布置时还要考虑网络中仓库的数量和规模大小、相对位置和服务的客户等问题。

（2）仓库规模的确定和内部合理布局：包括仓库库区面积及建筑物面积的确定，库内道路和作业区的平面布置及竖向布置，库房内部各作业区域的划分和作业通道布置的方式。

（3）仓储设施和设备的选择及配备：包括如何根据仓库作业的特点和储存商品的种类及理化特性，合理地选择和配备仓库设施、作业机械及如何合理地使用和管理。

（4）仓储资源的获得：包括企业通过什么方式来获得仓储资源。通常，企业获得资源的方式包括使用自有资金、使用银行借贷资金、发行企业债券、向企业内部职工或社会公众募股等。归结起来，仓储资源的获得包括两种途径：一是企业内部资金，二是企业外部资金。不同的资源获得方式的成本不同。

（5）仓储作业活动管理：仓储作业活动随着作业范围和功能的不同，其复杂程度也不尽相同。仓储作业活动管理是仓储管理的重要内容，它不仅涉及仓储作业组织的结构与岗位分工、作业流程的设计、仓储作业中的技术方法和作业手段，还包括仓储活动中的信息处理等。

（6）库存控制：库存是仓储的基本功能，企业为了能及时满足客户的需求，就必须经常保持一定数量的商品库存，存货不足会造成供应断档，存货过多会造成商品积压、仓储成本上升。库存控制是仓储管理中复杂的内容，是仓储管理从传统的存货管理向高级的存货系统动态控制发展的重要标志。

（7）仓储经营管理：从管理学的角度来看，仓储经营管理更加注重企业与外部环境的和谐，仓储经营管理是企业运用先进的管理方式和科学的管理方法，对企业的经营活动进行计划、组织、指挥、协调和控制，其目的是获得最大的经营效果。

(8)仓储人力资源管理：人在社会生活中是最具有主观能动性的，任何一个企业的发展和壮大都离不开人的参与，仓储企业也不例外。仓储人力资源管理主要涉及人才的选拔和合理使用、人才的培养和激励、分配制度的确立等。此外，仓储人力资源管理还涉及仓储安全管理、信息技术的应用、仓储成本管理和仓储经营效果评价等方面的内容。

3. 线边库功能和操作

由于生产企业（尤其是大型生产企业）的特性，企业不能将常规库设立在每个车间旁边，甚至有些企业通过第三方物流实现 VMI（Vendor Managed Inventory，对于供应商管理的库存）的模式来支持生产线的生产。生产线的生产是一个实时的过程，不允许有任何停顿。因此，线边库的设立就显得非常必要。在日常生产活动中，线边库发料一般包括以下步骤。

（1）投料到线边库：生产操作人员在 MES 中做投料操作，系统自动根据备料清单增加线边库库存，减少协配库库存。

（2）物料入库和出库：送料员将物料送到线边后，将看板交给协配库保管员，保管员在 MES 中做送料到达操作，系统自动根据看板增加产线库存。由于结算数据的要求，需要自动进行协配库的入库和出库操作。

（3）同步减料：当工件在某工位完工时，系统自动根据 BOM 的设置进行线边减料，扣减线边库库存，同时把这些物料归集到产品用转中。

（4）补装退线：当工件在线上的装配发生异常，按照停装或少装处理，选择的模式是把停装或少装的物料同时随车下线，在线下进行补装。补装退线时，系统将补装的物料标记成补装物料，即造成在线物料补装增加。

（5）异常退线：若零件出现质量问题或由于 BOM 的变更而不需要装配，首先需要在 MES 中进行异常退线操作，系统会将物料从在线物料中扣减，标记成冻结物料。对于冻结物料可以选择报废或退协配库。当选择报废或退协配库时，系统会扣减冻结物料。进行异常退线操作时，可以使用原因码区分各种可能的原因；进行报废时，可以使用原因码区分原因或类型。

（6）自制件线边库间转储：对于自制件，直接从一个线边库送到另一个线边库，当物料转存时，系统根据内部看板自动扣减送料线的线边库库存，增加收料线的线边库库存。

（7）额外领料：调交、重修或零件被损坏时需要额外领用的物料，首先需要在 MES 中进行额外领料的发料操作，系统自动根据情况增加线边库存，减少协配库库存。

（8）异常回线：若物料退线后，发现退线操作错误，这时就要在 MES 中做退线的反操作，系统自动根据增加线边库库存，减少冻结物料。

（9）盘点：录入线边库实盘进行差异调整后，系统自动根据情况调整线边库库存。

（10）清线：清线操作后，线边库库存清零。

4. MES 线边库配置

在 MES 中，仓库管理一般分为线边库和库存管理两个功能模块，在线边库中包含线边库、调拨类型、库存移动报告等功能，可以进行生产领料、余料退库、不合格退库等操作。线边库界面如图 2-40 所示。

图 2-40　线边库界面

1）线边库

在线边库中可以进行线边库名称创建、产线信息选择、可消耗工作中心选择及线边库存明细确认等。线边库创建界面如图 2-41 所示。

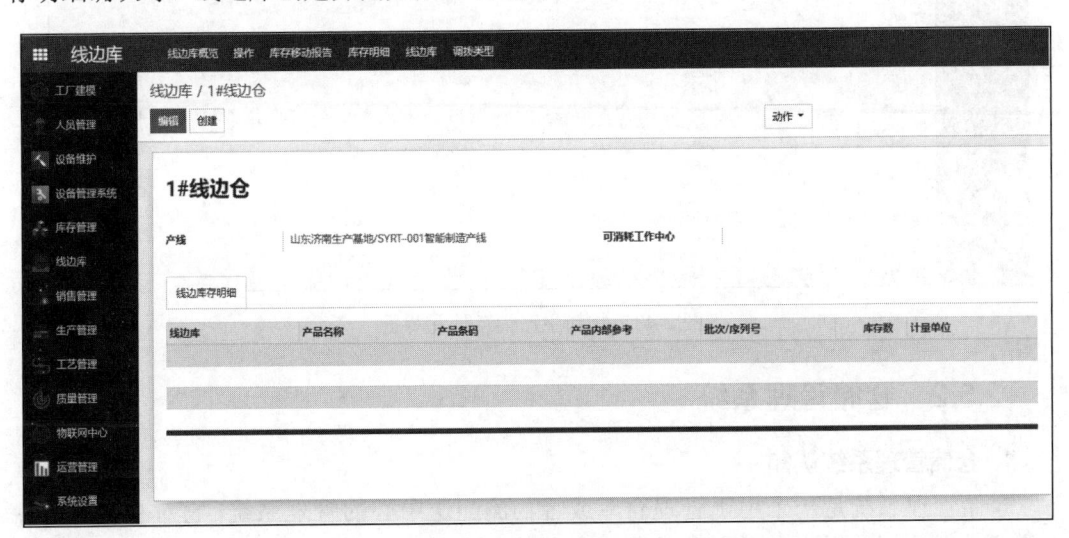

图 2-41　线边库创建界面

2）调拨类型

在调拨类型中可以创建与导入线边库生产领料、余料退库、不合格退库等线边库管理功能。线边库调拨类型设置界面如图 2-42 所示。

3）库存移动报告

在库存移动报告中可以进行物料调拨信息、物料盘点、物料生产消耗信息等设置。其中，物料生产消耗信息查看包含物料名称、移动数、线边库存跟踪等信息。物料生产消耗信息界面如图 2-43 所示。

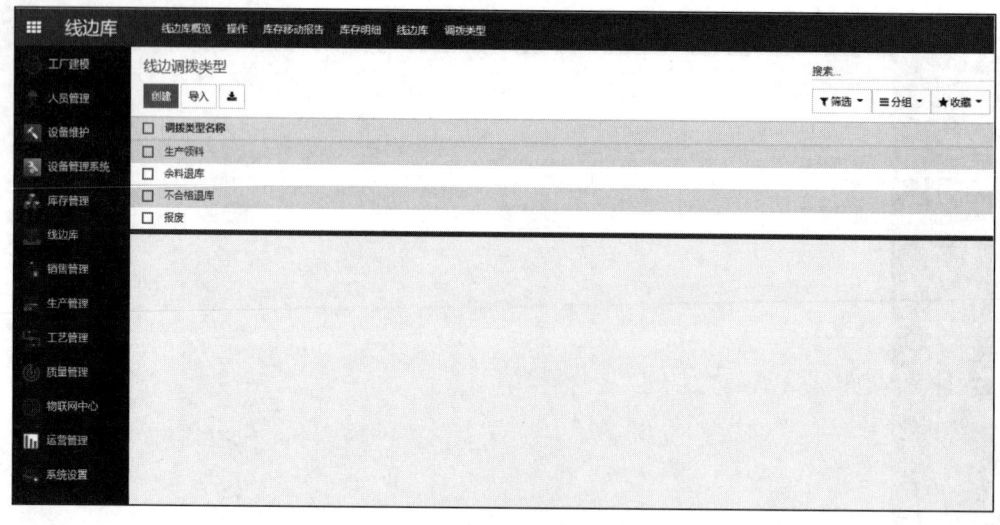

图 2-42 线边库调拨类型设置界面

图 2-43 物料生产消耗信息界面

2.5.2 仓储管理系统

1. 仓储管理系统认知

仓储管理系统是一个用于管理仓库或者物流配送中心的管理系统，它对仓库内的各类资源进行计划、组织、引导和控制，对货物的存储与移动（入库、出库、库内移动）进行管理。

1）仓储管理系统的功能

仓储管理系统主要包括对外提供信息共享、对内进行信息管理、接受上级系统指令等功能。

（1）对外提供信息共享：主要连接系统外的公司管理系统（如 SAP），为相关生产部、采购部、计划部、财务部等部门提供实时的库存情况。有的企业会把信息提供给供应商，以便供应商了解库存情况，做好相应的供货服务。

（2）对内进行信息管理：主要体现为管理在库产品信息，包括型号、数量、产品供应商、来料时间、保质期提醒、货物位置等。

(3) 执行上级系统指令：主要执行 MES 指令，根据生产计划要求，为生产线提供相应的生产用料。

2) 仓储管理系统功能模块

仓储管理系统功能模块可以根据公司仓库管理流程自定义功能模块。根据品牌不同，所具有的模块也不完全相同，常用的功能模块有以下几个。

(1) 基本资料维护功能。对每批产品生成唯一的基本条码序列号标签，用户可以根据自己的需要定义序列号，每种型号的产品都有固定的编码规则，在数据库中可以对产品进行添加、删除和编辑等操作。

(2) 采购管理功能。

①采购订单：当需要采购的时候，可以填写采购订单，此时并不影响库存。

②采购收货：当采购订单被批准，完成采购后到货的时候，首先给货物贴上条形码序列号标签，其次在采购收货单上扫描此条形码，保存之后，库存自动增加。

③其他入库：包括借出货物归还、退货等只需要填写采购收货单。

(3) 仓库管理功能。仓库管理功能可以完成产品入库、产品出库、库存管理、调拨管理、盘点管理等物料管理。产品出入库时，自动生成出入库单号，生成产品出入库信息。

(4) 销售管理功能。

①销售订单：当销售出库的时候，首先填写销售出库单，此时不影响库存。

②销售出货：当销售出库的时候，将销售出库产品序列号扫描至该出库单上，保存之后，库存报表自动减少该类产品。

(5) 报表生成功能。月末、季度末及年末销售报表、采购报表，盘点报表的自动生成功能，用户自定义需要统计的报表。

(6) 查询功能，包括采购单查询、销售单查询、单个产品查询、库存查询等（用户定义）；查询都是按照某个条件，如条形码序列号、出库日期、出库客户等来查询的。

2. MES 仓储管理

在 MES 中，仓储管理包含基础配置、主数据及报告等。仓库管理界面如图 2-44 所示。

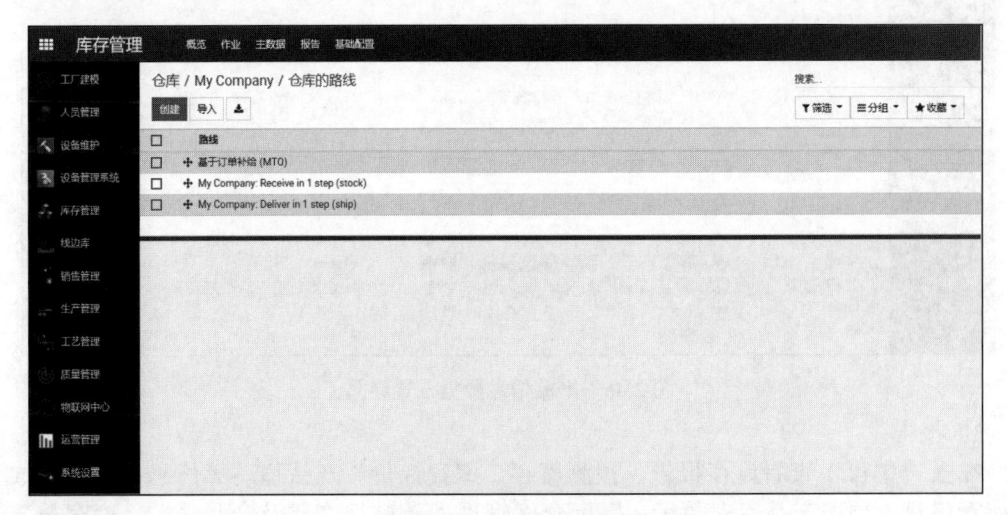

图 2-44　仓库管理界面

1）基础配置

在基础配置中可以对仓库名称及仓储路线进行设置，设置完毕后，依次进行仓储作业类型设置，如入库、出库类型设置；最后，将仓库中的产品按类别分类。产品类别设置界面如图 2-45 所示。

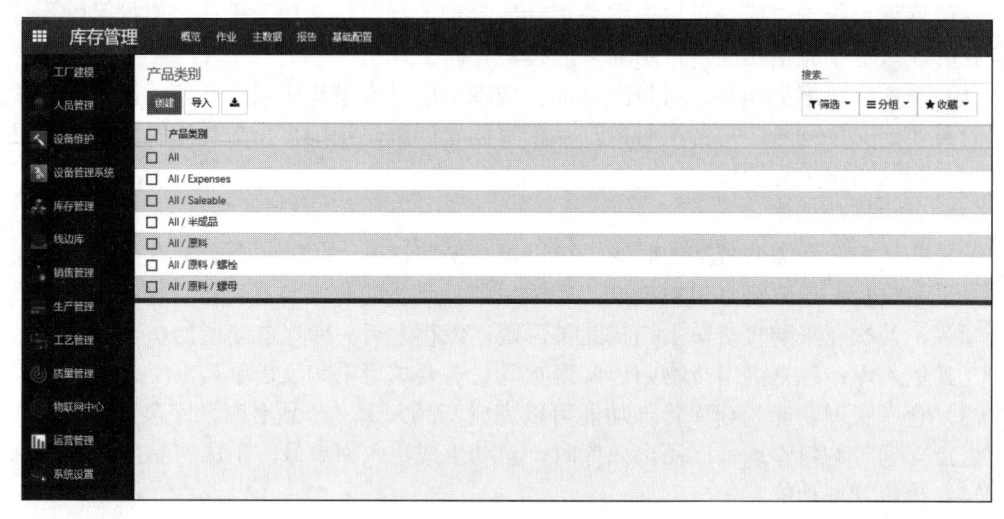

图 2-45　产品类别设置界面

2）主数据

在主数据中主要根据产品分类建立产品信息数据，在产品信息数据中可以创建或导入产品名称、产品类型，以及设置相应的条码等信息。产品信息数据设置界面如图 2-46 所示。

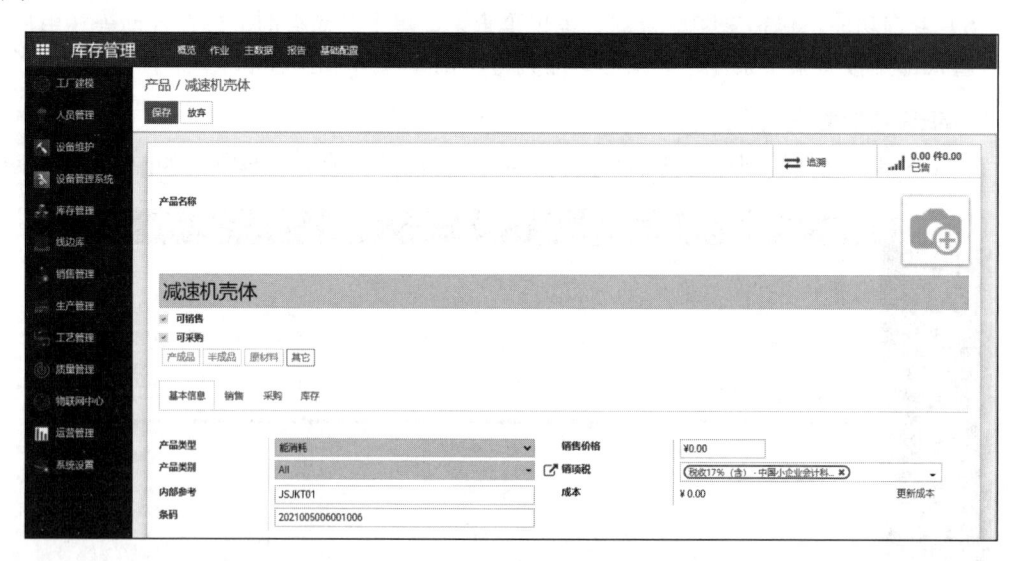

图 2-46　产品信息数据设置界面

3）报告

在报告中可以查看库存报告、预测库存、库存计价、产品移动等信息；可以生成当前库存信息，预警产品库存数量，提示仓库管理人员进行物料及产品采购。库存报告统计界面如图 2-47 所示。

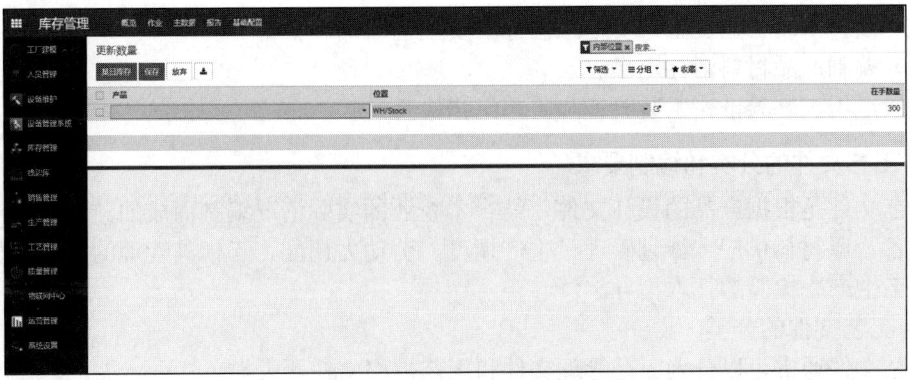

图 2-47　库存报告统计界面

2.6　工艺管理

2.6.1　工艺管理概述

工艺管理是技术管理的组成部分，是技术管理的核心，是体现企业的生产方针，实现优质、高产、低耗、高效益的保证，是衡量企业管理水平的标准之一。工艺管理工作贯穿于将原材料、半成品转换为成品的包括生产准备、加工、检验、装配、调试直至包装出厂的全过程，对制造技术工作进行科学的、系统的管理。工艺管理是解决、处理生产过程中人与人之间的生产关系方面的社会科学。

1. 工艺认知

工艺是加工的艺术、加工的方法，指劳动者利用各类生产工具对各种原材料、半成品进行加工或处理，最终使之成为成品的方法与过程。

1) 工艺的分类

工艺按适用性分类，可以分为专用工艺、通用工艺、典型工艺。

（1）专用工艺：适用于某一产品的工艺规程，而对其他产品不适用。

（2）通用工艺：适用于多种产品的工艺规程。通常，一些电子产品尽管型号、规格不同，但装联时的操作要领及质量要求是基本相同的，可以将它们上升为通用工艺规程。

（3）典型工艺：在通用工艺的基础上进一步提炼的产物，有较大的通用性，不受企业具体条件的约束，只要是相同的工种均可适用。

2) 工艺的基本任务和主要内容

工艺的基本任务就是实现产品的设计意图，保证产品质量，降低消耗，提高生产效率。它的主要内容有以下几个方面。

（1）编制工艺发展规划，如新工艺、新装备研究开发规划，技术攻关规划；提高产品质量、生产效率和经济效益的措施等。

（2）进行工艺试验研究。结合产品发展规划、提高工艺水平和降低制造成本，确定试验研究课题，并做好记录和分析总结工作。

（3）参加新产品开发的市场调研和设计方案评审，对产品结构进行工艺性审查。

（4）制定工艺路线，编制工艺方案和工艺总结，进行工艺规程设计。

(5) 设计专用工艺装备，贯彻工艺标准及工艺守则。
(6) 编制产品材料消耗定额。
(7) 组织工艺验证、工装验证和工艺纪律检查。

2. 工艺文件的分类和编制要求

工艺文件是根据产品的设计文件，结合本企业的实际情况编制而成的。它是企业进行生产准备、原材料供应、计划管理、生产调度、劳动力调配、工模具管理的重要依据，是企业加工生产、检验的技术指导。

1）工艺文件的分类

工艺文件通常可以分为工艺管理文件和工艺规程文件两大类。

（1）工艺管理文件：企业组织生产、进行生产技术准备工作的文件。它规定了产品的生产条件、工艺路线、工艺流程、工具设备、调试及检验仪器、工艺装置、材料消耗定额和工时消耗定额。

（2）工艺规程文件：规定产品制造过程和操作方法的技术文件。它主要包括零件加工工艺、元件装配工艺、导线加工工艺、调试及检验工艺和各工艺的工时定额。

在工艺文件中，最主要的是工艺规程文件，它是安排生产作业计划、生产调度、质量控制、原材料供应、工具供应、生产组织、劳动组织的基础资料，是具体指导工人进行加工制造、操作的文件。工艺规程的形式一般有工艺过程卡片、工艺卡片、工序卡片和工艺守则四种。除此之外，还有调整卡片和检查卡片等辅助性文件。

①工艺过程卡片：它是按零件编制的，规定工件制造过程所经历的全部工序及顺序，工件制造过程各道工序名称，采用的设备、工装、工时定额等。它既是指导零件进行加工制造过程的综合卡片，也是组织生产和制订计划的重要文件。工艺过程卡片如表 2-3 所示。

表 2-3 工艺过程卡片

××××有限公司		机械加工过程卡片		产品型号		零部件（图号）		工 第	页 页	
				产品名称		零部件（名称）				
材料牌号		毛坯种类		毛坯外形尺寸		毛坯可制件数		备注		
工序号	工序名称		工序内容		施工时间	设备	工艺设备		工时	
标记	处数	更改文件号		签字	日期	编制（日期）	审核（日期）	会签（日期）	标准化（日期）	批准（日期）

②工艺卡片：它是在零件加工制造的工艺阶段编制的，如铸工、冷作、热处理、机械加工、装配等工序。工艺卡片中列有某一工艺阶段的全部工序，其形式与工艺过程卡片相

似，不同点是只针对一个工艺阶段。工艺卡片如表 2-4 所示。

表 2-4 工艺卡片

××××有限公司	装配工艺卡	产品名称			部件名称		总装	工序名称		
		产品型号			部件编号			工序号		
			设备	名称型号	编号		物料	存货编号	名称规格	数量
				输送线						
			夹具	名称	型号					
				竖支架夹具						
			工位器具				物料			
				工作内容			注意事项			

③工序卡片：它是按零件加工的每道工序编制的，即一序一卡。以加床加工工序卡片为例，工序卡片带有工序图，详细标明了工件在该工序的定位方式和加工表面。工序卡片还列出了该道工序每一工步的详细操作，包括工步内容、工艺装备、切削速度、进给量、切削深度、进给次数等详细的工艺参数，对工艺方法和要求都有具体而明确的规定。工序卡片如表 2-5 所示。

表 2-5 工序卡片

厂名		机械加工工艺卡片		零件名称		工 页
				零件编号		第 页
(工序简图)			车间	工序号	工序名称	材料牌号
			每台件数	毛坯种类	外形尺寸	每批件数
			加工件数	冷却液	设备名称	设备型号
			设备编号	夹具编号	夹具名称	工序工时
工序号	工步内容	工艺装备	主轴转速(r/min)	切削速度(m/min)	进给量(mm)	切削深度(mm)	进给次数
编写		完成日期	月 日		审查签名		

④工艺守则：它规定了操作的要领及其注意事项，一般是根据同类工艺操作制定的，不受工厂具体条件限制。通常企业只对关键工序制定工艺守则。

2）工艺文件的编制要求

（1）既要具有经济上的合理性和技术上的先进性，又要考虑企业的实际情况，具有适用性。

（2）必须严格与设计文件的内容相符合，应尽量体现设计的意图，最大限度地保证设计质量的实现。

（3）要严肃认真、一丝不苟，力求文件内容完整正确，表达简洁明了，条理清楚，用词规范严谨，并尽量采用视图加以表达。要做到不用口头解释，根据工艺规程，就可以正常地进行一切工艺活动。

（4）要体现质量第一的思想，对质量的关键部位及薄弱环节应重点加以说明；技术指标应前紧后松，有定量要求，无法定量的要以封样为准。

（5）尽量提高工艺规程的通用性，对一些通用的工艺要求应上升为通用工艺。

（6）表达形式应具有较大的灵活性及适用性，当产量发生变化时，文件需要重新编制的比例应被压缩到最低程度。

3. 工艺管理的内容

工艺管理包含工艺调研，产品工艺性审查，工艺方案编制，工艺路线审查，工艺文件编制与管理，工装的外购、设计、制造和验证等相关内容，是产品生产的重要环节。

（1）工艺调研：目的是了解市场和用户对产品的需求，了解国内外同类产品的工艺水平，了解新工艺、新材料的使用情况，了解企业在制造过程中存在的问题，为工艺准备奠定良好的基础，促进工艺水平的提高。

（2）产品工艺性审查：由工艺技术员在产品设计定型前，对每张图纸进行产品工艺性审查，作为试生产和批量投产前的必要前提。在新产品设计过程中，可以设置专人进行产品工艺性审查，产品工艺性审查在设计的各阶段都应进行。

（3）工艺方案编制：工艺方案是产品进行加工处理的方案，它规定了产品加工所采用的设备、工装、用量、工艺过程及其他工艺因素；工艺方案是工艺准备工作的总纲，也是进行工艺设计、编制工艺文件的指导性文件。除单件小批生产的简单产品外，一般应编制工艺方案，且在工艺设计开始时应编制工艺方案。

（4）工艺路线审查：工艺路线又称工艺流程，指从产品的各零件的加工、装配、检验、包装、入库的全部生产过程所经过的路线；产品零部件工艺路线的正确与否，会影响其搬运的工作量、辅助时间的长短，同时与零部件的磕碰划伤有关。所以合理的工艺路线可以保证质量，减少劳动损耗，合理利用设备和厂房，从而提高生产效率。

（5）工艺文件编制与管理：工艺文件编制应简明易懂，避免烦琐，但必须确保产品质量，实现安全生产，具有较好的经济效益。

（6）工装的外购、设计、制造和验证：实现工艺过程所必需的各种工具、夹具、模具、工位器具、料架等，被称为工艺装备，简称工装。

工装分为通用工装、专用工装。通用工装一般是外购和租赁，有的部分自制、部分订购或全部自行设计制造，而专用工装则由企业自行设计制造。工装设计应以工艺方案或工艺规程为依据，设计完成后，一般要由制造和使用部门审查会签。

（7）工艺定额管理：工艺定额包含工时、材料、燃料、动力、工具消耗定额。制定的目的是及时地供应人力及符合规格要求的物资，为均衡生产出符合质量要求的产品做好准备。

（8）适宜的生产环境条件创造：根据工艺要求创造适宜的生产环境条件，主要是对温度、湿度、光照、噪声等采取措施。要通过技术手段和管理手段对环境的各项因素进行控制，保证产品在适宜的环境中进行生产。

（9）人员培训：各种操作是由人来进行的，所以应明确其培训需求，实现全员岗前培训，尤其是作业人员的培训。

（10）工序质量控制点设置：生产过程的质量管理是保证产品质量的关键，因而应积极地对制造过程实行工序控制，保证生产出用户满意的合格产品。

2.6.2 生产工艺组成

1. 工位与工序

1）工位

工位是一个物理设备概念，是位于生产车间内的一个生产空间单元。一个工位上通常要配备一些生产设备，并且这种配备是相对固定的。

工位是生产过程中基本的生产单元，在工位上安排人员、设备、原料工具进行生产装配。根据装配项目布置工位现场，安排工作成员和人数。工位现场由工具及工具料架、零件及零件料架、工作设备、电源插口、水杯架等组成。工位人员组成根据装配项目安排，一般一个工位由一人操作，有技工或操作工等。工位视图如图 2-48 所示。

图 2-48 工位视图

2）工序

工序指一个（或一组）工人在一个工作地对一个（或几个）劳动对象连续进行生产活动的综合，是组成生产过程的基本单位。根据性质和任务的不同，工艺可以分为工艺工序、检验工序、运输工序等。各工序按加工工艺过程，可以细分为各工步；按其劳动过程，可以细分为若干操作。划分工序所制约的因素有生产工艺及设备的特点、生产技术的具体要求、劳动分工和劳动生产率能提供的条件。工序视图如图 2-49 所示。

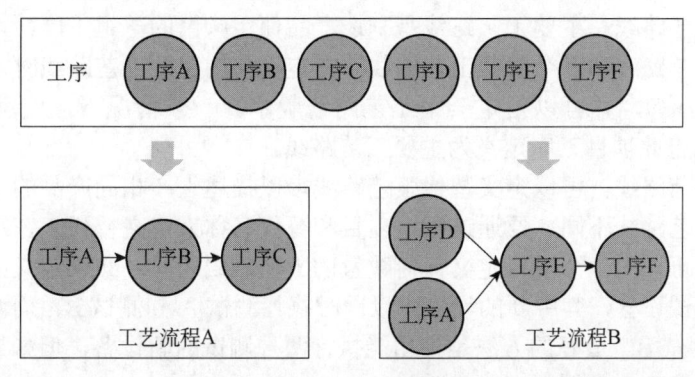

图 2-49 工序视图

工序在生产过程中按其性质和特点可以分为：①工艺工序，指使劳动对象直接发生物理变化或化学变化的加工工序；②检验工序，指对原料、材料、毛坯、半成品、在制品、成品等进行技术质量检查的工序；③运输工序，指劳动对象在上述工序之间流动的工序。

按照工序的性质，工序分为：①基本工序，指直接使劳动对象发生物理变化或化学变化的工序；②辅助工序，指为基本工序的生产活动创造条件的工序。

2. 工艺路线

1）工艺路线认知

工艺路线是描述物料加工、零部件装配的操作顺序的技术文件，是多个工序的序列。工序是生产作业人员或机器设备为了完成指定的任务而做的一个动作或一连串动作，是加工物料、装配产品的基本的加工作业方式，是与工作中心、外协供应商等位置信息直接关联的数据，是组成工艺路线的基本单位。例如，一条流水线就是一条工艺路线，这条流水线上包含许多的工位，简单地说，工艺路线是产品的一种属性，由工位组成，受工单驱动。工艺路线流程如图 2-50 所示。

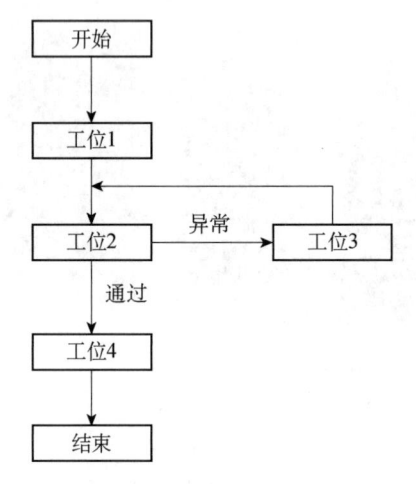

图 2-50 工艺路线流程

工艺路线主要包括如下数据：工序号、工作描述、所使用的工作中心、各项时间定额（如准备时间、加工时间、传送时间等）、外协工序的时间和费用。还要说明可供替代的工作中心、主要的工艺装备编码等，作为发放生产订单和调整工序的参考。

工艺路线可以分为主要工艺路线、替代工艺路线、工程工艺路线。

（1）主要工艺路线。主要工艺路线是制造产品使用频繁的一组工序，可以为一个项目定义一个主要工艺路线和多个替代工艺路线。在定义新的主要工艺路线时，可以只指定项目（没有替代名称），并可以指定一个工艺路线版本。一般情况下，使用这些工序制造产品，因此可以将此项目工序定义为主要工艺路线。

（2）替代工艺路线。可以定义替代工艺路线，以描述生产相同产品的不同制造流程。与新建的主要工艺路线不同，要通过指定项目和替代名称来定义替代工艺路线。在定义替代工艺路线，也可以为一个项目定义任何数量的工艺路线之前，必须定义主要工艺路线。例如，有三台测试设备，其中新的设备可以同时执行测试 A 和测试 B，而两台旧设备只能执行测试 A 或测试 B。最好的方法是使用能执行两种测试的新设备，但如果不可行，也可以使用其他两台设备完成任务。

（3）工程工艺路线。可以将工程工艺路线定义为制造工艺路线的替代工艺路线。这种情况一般用于从制造相同装配件的主要工艺路线产生一个工艺路线的变形。

2）工艺路线的作用

工艺路线是一种关联工作中心、提前期和物料消耗定额等基础数据的重要基础数据，是实施劳动定额管理的重要手段。从性质上来讲，工艺路线是指导制造单位按照规定的作业流程完成生产任务的手段。因此，工艺路线也是计算工作中心能力需求的基础。根据每道工序采集到的实际完成数据，企业管理人员可以了解和监视生产进度完成情况。工艺路线提供的计算加工成本的标准工时数据，是成本核算的基础和依据。工艺路线是重要的文件，它代表着一项作业在工厂里的运行方式。如果说物料清单用于描述物料是按怎样的层次结构连在一起的，那么工艺路线则是描述制造每种物料的生产步骤和过程，并且用于确定详细的生产进度。工艺路线的作用如下。

（1）为计算加工提前期提供依据。

（2）为能力需求计划中平衡各工作中心的负荷提供依据。

（3）为派工单中计算各工序的起始时间与结束时间提供依据。

（4）为在制品的生产追踪提供依据。

（5）为加工成本的计算提供工时依据。

3. MES 中的工艺管理

MES 中的工艺管理主要包含工序、工艺路线、工艺 BOM、工艺质检项等信息，在生产活动中可以完成工序及其工艺路线设定、工艺 BOM 设置、工艺标准创建与导入等相关设置。

1）工序

工序一般配置工序名称、工序分类、工作中心、工艺标准、工序产出物等内容，其中，工序分类可以选择工件当前工序内容，工作中心可以选择工段、产线、车间、厂区、设备等信息，工艺标准可以设置当前工序标准的标准上限、标准下限等信息，以及工件当前质检标准及质检项信息选择。工序配置界面如图 2-51 所示。

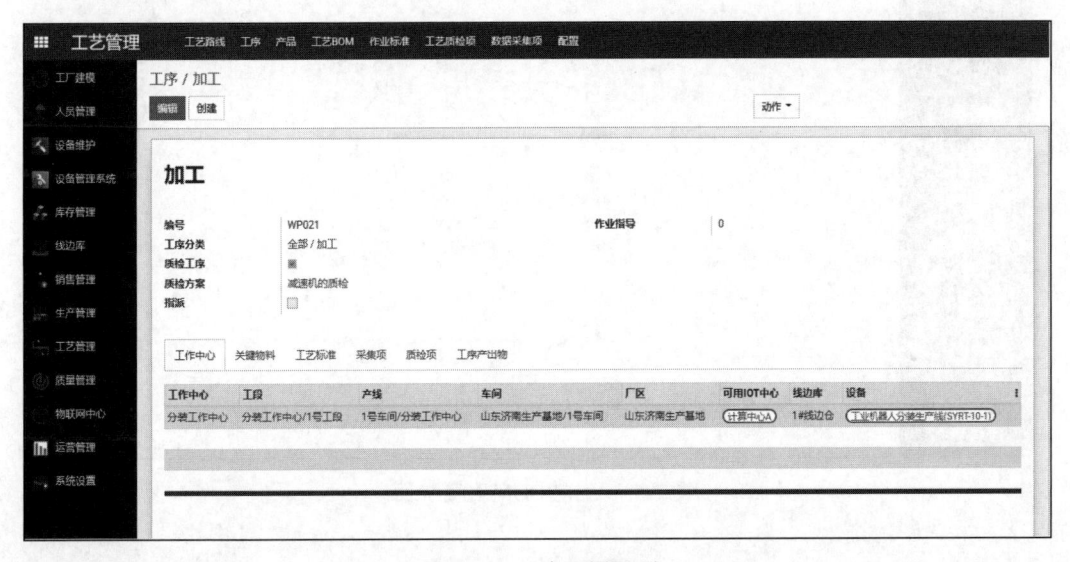

图 2-51 工序配置界面

2）工艺路线

工艺路线包含工艺明细查看和工艺路线配置；工艺明细可查看当前工艺路线所添加的工序信息。工艺路线配置包含工艺路线名称设置、工艺路线编号、工艺内部标识设置、工序批量添加等。工艺路线配置界面如图 2-52 所示。

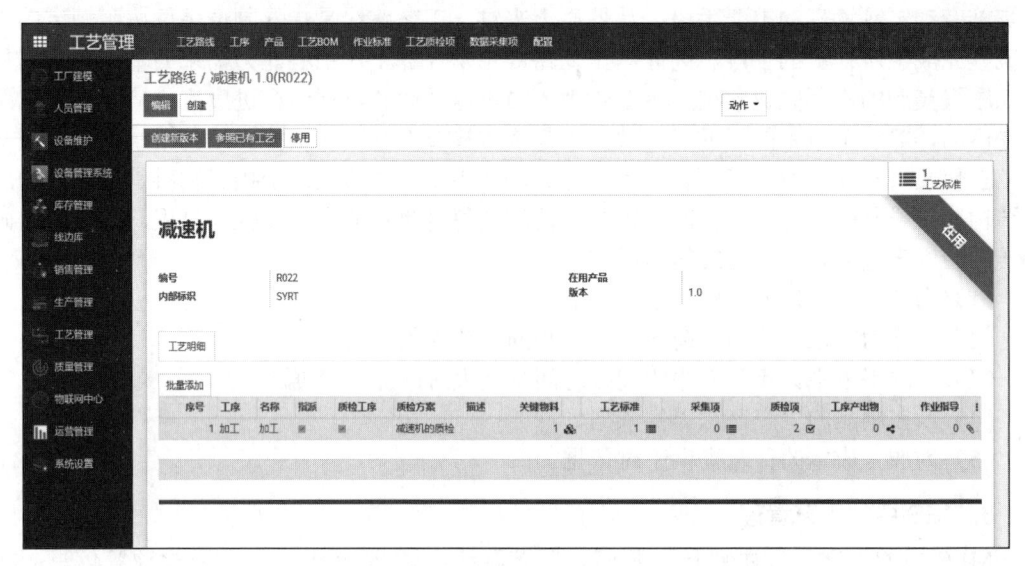

图 2-52　工艺路线配置界面

3）工艺 BOM

工艺 BOM 可以查看工艺步骤、工艺路线、投料方式、产成品数量、物料需求数等工艺信息。工艺 BOM 配置界面如图 2-53 所示。

图 2-53　工艺 BOM 配置界面

4）工艺质检项

工艺质检项可以进行工艺质检项名称配置、质检项录入方式配置，工艺质检项名称根据工序质检内容设置。工艺质检项配置界面如图 2-54 所示。

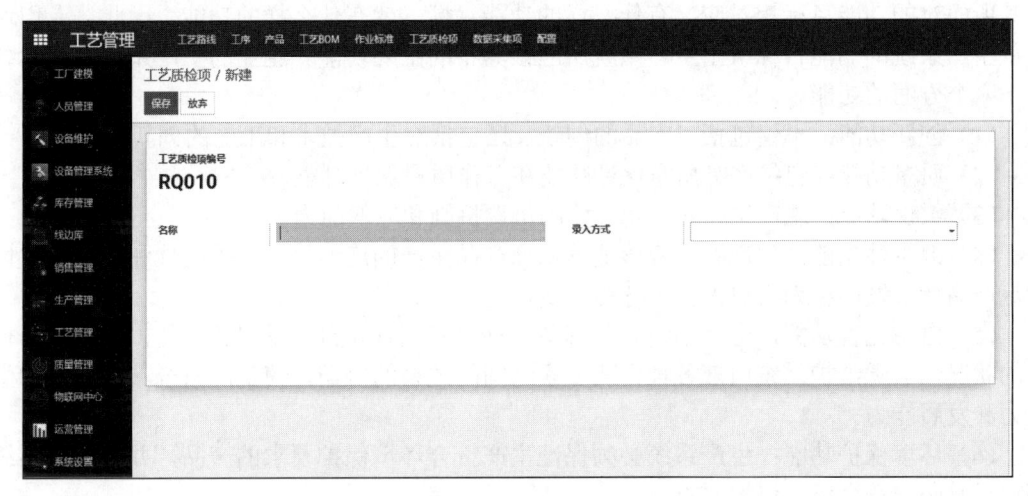

图 2-54　工艺质检项配置界面

2.7　生产管理

2.7.1　生产管理概述

1. 生产系统认知

生产是由社会上的一家企业独立进行或多家企业合作进行的，用于为人们创造产品或提供服务的有组织的活动。生产系统指在正常情况下支持单位日常业务运作的信息系统。它包括生产数据、生产数据处理系统和生产网络，是由人和机器构成的，能将一定输入转化为特定输出的有机整体，使转化过程具有增值性是生产系统的基本功能。生产系统如图 2-55 所示。

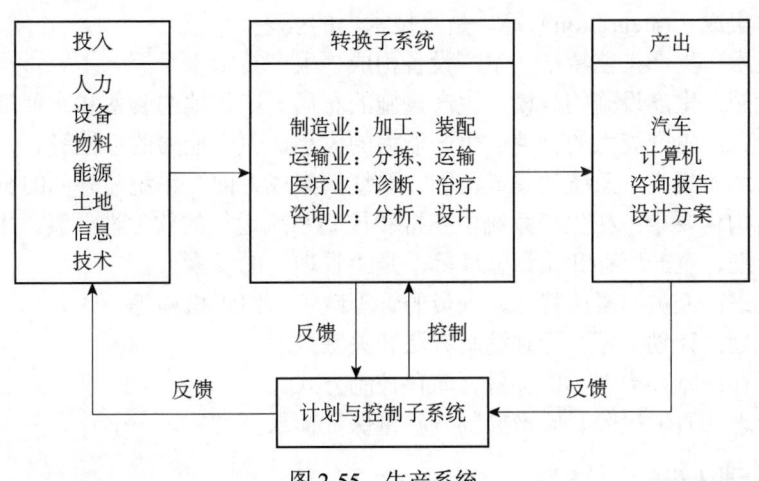

图 2-55　生产系统

1）生产系统的功能

生产系统具有的功能是由其所面对的环境要求和其自身发展的需要决定的。事实上，生产系统的功能与生产系统的目标之间存在着一种对应关系，生产系统所具有的功能直接与其所面对的功能目标相对应，有什么样的功能目标，就有什么样的功能。因此，人们可以从生产系统的功能目标引出生产系统所应该具备的主要功能。企业的生产系统应该具备以下六个方面的功能。

（1）创新功能：不仅包括对产品的创新，还包括对生产技术和工艺的创新。

（2）质量功能：包括产品质量保证功能和工作质量保证功能。

（3）柔性功能：生产系统对环境变化的协调机制和应变能力。

（4）继承性功能：生产系统应该能够保证产品生产的连续性、可扩展性和兼容性，以满足产品持续发展和为用户提供服务的需要。

（5）自我完善功能：生产系统必须具备一种自我完善和自我学习的功能，以便根据自身的状况，自觉维护系统内部各种构成要素之间的关系的协调，使生产系统具备顽强的生命力和发展能力。

（6）环境保护功能：生产系统必须保证生产符合环境保护要求的产品，并且生产系统在运行时必须符合环境保护要求。

任何一个生产系统都应该具有以上六种基本功能，不同的生产系统之间只是在不同功能的具体要求上有所不同。生产系统的功能分为两个部分：一是生产系统的生存功能，包括创新功能、质量功能和继承性功能；二是生产系统的发展功能，包括柔性功能、自我完善功能和环境保护功能。如果生存功能在生产系统中得不到保证，则生产系统将失去存在的意义，但如果生产系统拥有良好的生存功能，却没有良好的发展功能作为后盾，那么生产系统也就不可能得到发展。

2）生产系统的分类

生产系统的功能决定于生产系统的结构形式。生产系统的结构是系统的构成要素及其组合关系的表现形式。生产系统的构成要素很多，为了研究方便常把它们分为两类：结构化要素和非结构化要素。

（1）结构化要素：生产系统中的硬件及其组合关系。结构化要素是构成生产系统主体框架的要素，主要包含生产技术（Technology）、生产设施（Facility）、生产能力（Capacity）和生产系统的集成（Integration）等，是"技术"的要素。

①生产技术：生产工艺特征、生产设备构成、生产技术水平等。

②生产设施：生产设施的规模、生产设施的布局、工作地的装备和布置等。

③生产能力：生产能力的特性、生产能力的大小、生产能力的弹性等。

④生产系统的集成：系统的集成范围、系统的集成方向、系统与外部的协作关系等。

（2）非结构化要素：在生产系统中支持和控制系统运行的软件性要素，主要包含人员组织、生产计划、生产库存和质量管理等，是"管理"的要素。

①人员组织：人员的素质特点、人员的管理政策、组织机构等。

②生产计划：计划类型、计划编制方法和关键技术。

③生产库存：库存类型、库存量、库存控制方式。

④质量管理：质量检验、质量控制、质量保证体系。

2. 生产管理认知

生产管理（Production Management）是计划、组织、协调、控制生产活动的综合管理活动，包括生产计划、生产组织及生产控制。生产管理通过合理组织生产过程，有效利用生产资源，经济合理地进行生产活动，以达到预期的生产目标。

生产管理的任务是对客户产品交付异常情况进行及时有效的处理。通过生产组织工作，按照企业目标的要求，设置技术上可行、经济上合算、物质技术条件和环境条件允许的生产系统；通过生产计划工作，制定生产系统优化运行的方案；通过生产控制工作，及时有效地调节企业生产过程内外的各种关系，使生产系统的运行符合既定生产计划的要求，实现预期生产的品种、质量、产量、出产期限和生产成本的目标。生产管理的目的是投入少、产出多，取得最佳经济效益。采用生产管理软件的目的，则是提高企业生产管理的效率，有效管理生产过程的信息，从而提高企业的整体竞争力。生产管理的主要功能是对生产过程进行组织、计划和控制。

随着信息化技术的发展及管理水平的不断提升，信息化生产管理成为制造企业生产管理的重要手段，如何掌握生产环节，掌握生产速度、质量及生产工人的工作绩效，通过信息化技术可以大大提升企业的生产管理水平，而且在生产现场应用更多的自动化的设备。一般生产管理的内容包含以下七个方面。

（1）制订生产计划：主要指月计划、周计划和日计划。原则上，生产部门要以营销部门的销售计划为基准来确定自己的生产计划，否则在实行时就很可能会出现产销脱节的问题——要么是生产的产品不能出货，要么是该出货的产品却没有生产，不管是哪种情形，都会给企业造成浪费。

（2）把握材料的供给情况：虽然材料的供给是采购部门的职责，但生产部门有必要随时把握生产所需的各种原材料的库存数量，目的是在材料发生短缺前能及时调整生产并通报营销部门，以便最大限度地减少材料不足所带来的损失。

（3）把握生产进度：为了完成事先制订的生产计划，生产管理者必须不断地确认生产的实际进度。至少每天一次将生产实绩与计划进行比较，以便及时发现差距，并采取有效的补救措施。

（4）把握产品的品质状况：衡量产品品质的指标一般有两个，即过程不良率及出货检查不良率。把握品质不仅要求生产管理者了解关于不良的数据，还要对品质问题进行持续有效的改善和追踪。

（5）按计划出货：按照营销部门的出货计划安排出货，如果库存不足，应提前与营销部门联系以确定解决方法。

（6）对从业人员的管理：和单纯技术工作不同的是，生产管理者要对自己属下的广大从业人员负责，包括掌握他们的工作、健康、安全及思想状况。对人员的管理能力是生产管理者业务能力的重要组成部分。

（7）职务教育：要对属下的各级人员实施持续的职务教育，目的在于不断提高他们的思想水平和工作能力，同时还可以预防某些问题的再发生。为了做到这一点，生产管理者要不断地提高自身的业务水准，因为他不可能完全聘请外部讲师来完成他的教育计划。

3. MES中的生产管理

MES中的生产管理可以通过跟踪连续的生产操作来跟踪整个生产处理过程，实现对整个车间和生产流程的监督、制约及调整，使生产过程能准确、及时地推进，从而达到预期的生产目标，按时、按质、按量向客户交付产品。在MES中的生产管理一般包含生产任务、生产进度、过程记录、物料需求、产出物等功能。生产管理界面如图2-56所示。

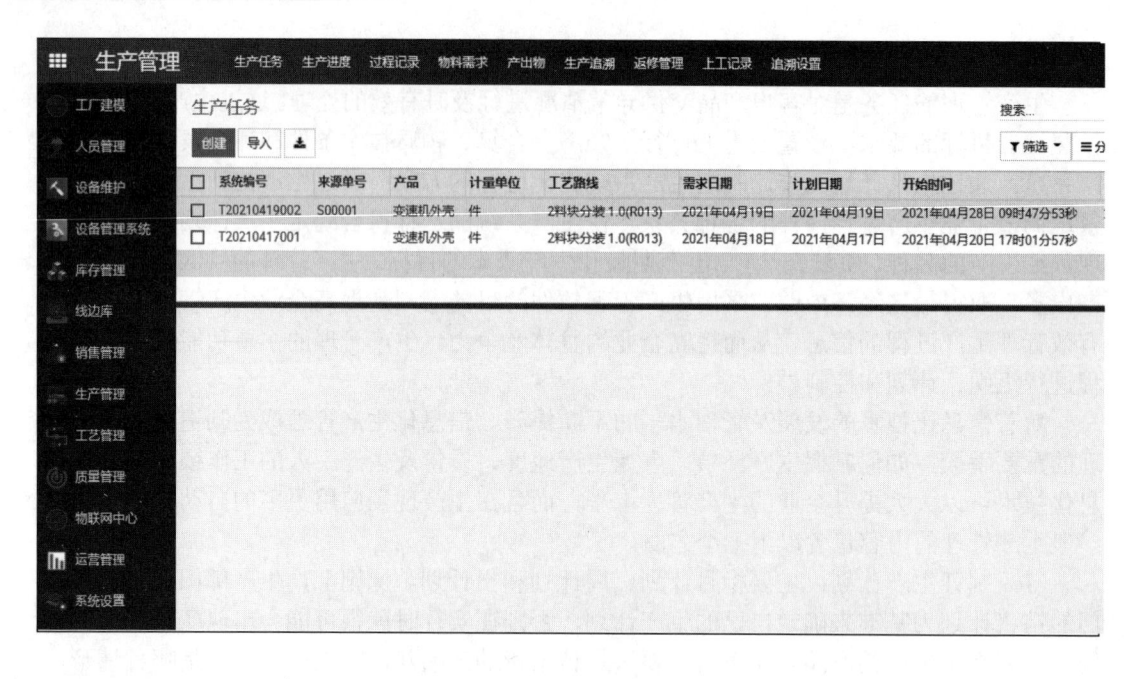

图 2-56 生产管理界面

1）生产任务

在生产任务中可以根据销售订单创建或导入生产任务；生产任务信息包含产品信息、工艺路线、来源单号、需求数量、需求日期、生产明细等信息。生产任务界面如图 2-57 所示。

图 2-57 生产任务界面

2）生产进度

在生产进度中可以查看产品生产任务开始时间、完成时间、计划数、完成数及生产状态等信息，无法修改生产进度信息。生产进度界面如图 2-58 所示。

图 2-58　生产进度界面

3）生产记录

在生产记录中可以查看生产产品、工艺明细、工序、投料记录等信息；也可以查询产品质检项、质检结果及产品首检结果。生产记录界面如图 2-59 所示。

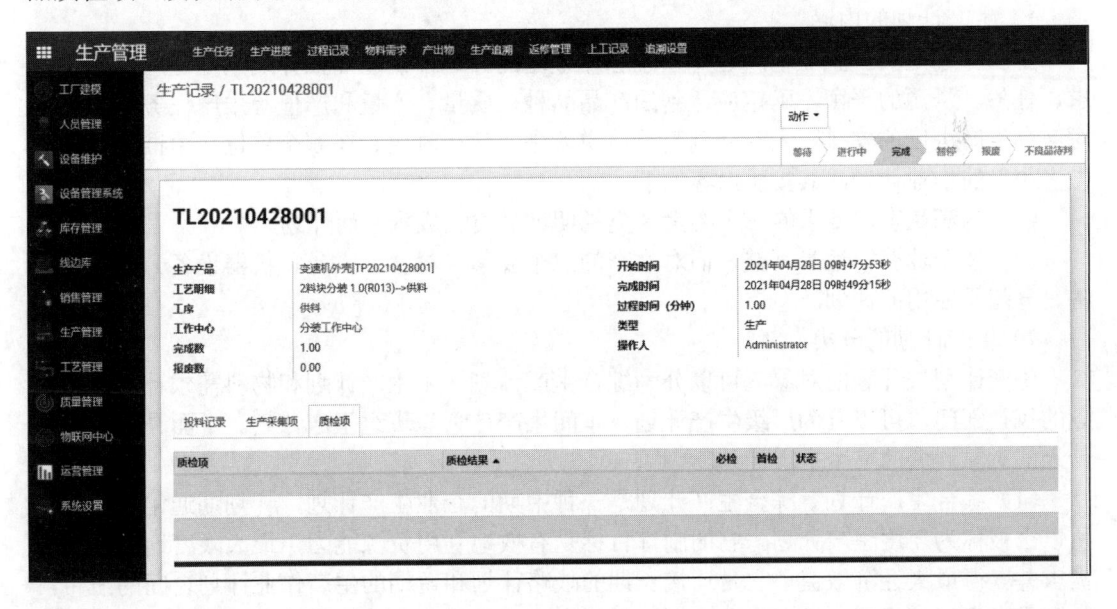

图 2-59　生产记录界面

4）产出物

在产出物中包含产成品类型、产品名称、生产记录、生产数量等信息，可修改产品数量、入库数量及入库位置，根据入库要求，完成产成品入库操作。产出物入库界面如图 2-60 所示。

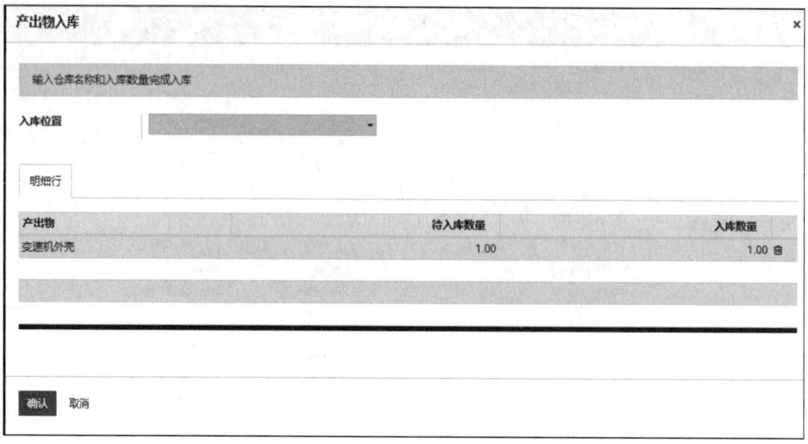

图 2-60　产出物入库界面

2.7.2　生产计划

计划是管理的第一职能，是管理者为实现组织目标对工作所进行的筹划活动。生产计划是根据对组织外部环境与内部条件的分析，提出在未来一定时期内要达到的组织目标及实现目标的方案和途径。

1. 生产计划认知

1）生产计划的内涵

生产计划是关于企业生产运作系统总体方面的计划，是企业在计划期通过对目标、需求、任务、资源的平衡，确定应达到的产品品种、质量、产量和产值等生产任务的计划及对产品生产进度的安排。生产计划简单地说就是"什么时候、在哪个单位、由谁做什么、做多少"的作业计划，其实质内容如下。

（1）为满足客户要求的三个要素（交货期、品质、成本）而计划。

（2）使企业获得适当利益，而对生产的三个要素（材料、人员、机器设备）的适切准备、分配及使用的计划。

2）生产计划的分类

生产计划按计划的对象，可以分为综合生产计划、主生产计划和物料需求计划；按计划的执行部门，可以分为厂级生产计划、车间生产计划与班组生产计划。下面具体介绍按计划的对象划分的三个生产计划。

（1）综合生产计划。综合生产计划是一种中期的企业生产计划，计划期通常是一年，所以也被称为年度生产计划。它的制订目标是有效地利用资源能力，最大限度地满足市场需求并取得最大经济效益。它是连接长期的战略计划和短期的生产作业计划之间的纽带，起到承上启下的作用。综合生产计划的具体内容：确定企业在计划年度内要生产的产品品种（实际上，产品品种已经在产品与市场计划中经过测算确定，在综合生产计划中只是重复表述和执行），各种产品的质量指标、产量指标和产值指标等，并进一步将年度的总产量任务按品种和数量安排到各季或者各月中，形成产品出产进度计划，指导企业的生产活动。

（2）主生产计划。主生产计划确定了每个具体产品的生产数量、开始生产时间和交货时间。它是对综合生产计划中的产品出产进度计划的细化，起到连接综合生产计划和物料需求计划的桥梁作用，是宏观计划向微观计划的过渡。

(3) 物料需求计划。物料需求计划也可以简称为物料计划，它把主生产计划中每个产品的生产需求分解成对相应的原材料和零部件（包括自制零部件和外购零部件）的需求，分解的依据是产品的物料清单。

3) 生产计划的制订

生产计划的制订是在各种信息的支撑下进行的，要制订一个完善的生产计划，离不开下列信息的支持。

(1) 需求信息。企业的生产分为存货型生产和订货型生产两种。存货型生产是在对市场需求进行预测的基础上有计划地进行生产，因此，存货型生产的需求信息来源于市场预测。订货型生产是在接收到客户的订单之后才组织生产，因此，订货型生产的需求信息来源于客户订单。

(2) 资源信息。生产资源包括原料、资金、燃料和动力，有些来自企业内部，有些可能来自企业外部，这些资源都是企业进行产品转化所必需的，掌握这些资源信息对制订有效的生产计划非常重要。

(3) 能力信息。企业的生产能力包括人的能力、技术能力和设备的能力，有企业内部的能力，也有可以利用的外部协作能力，这些能力信息也是制订有效生产计划所必需的。企业生产活动的本质是在有限的生产资源（能力）条件下，通过生产产品来满足用户需求。

2. 主生产计划

主生产计划是确定每个具体的最终产品或最终项目在每个具体时间段内生产数量的计划，它是通过对综合计划中产品出产进度计划单的细化，根据订单和预测信息，在计划期内，把产品系列具体化，针对最终需求制订的生产计划。主生产计划是计划系统中的关键环节，一个有效的主生产计划是生产对客户需求的一种承诺，它充分利用企业资源，协调生产与市场，实现生产计划大纲中所表达的企业经营目标。

主生产计划直接与综合计划层和物料计划层相联系，被销售、设计、制造和计划部门共享，其主要作用有以下三个。

(1) 在计划体系中起着承上启下的作用，实现了宏观计划向微观计划的分解过渡。主生产计划说明在可用资源条件下，企业在一定时间内生产什么、生产多少、什么时间生产。主生产计划着眼于销售什么和制造什么，根据客户合同和市场预测，把综合计划或生产大纲中的产品系列具体化，为车间制订一个合适的主生产计划，使之成为展开物料需求计划和能力需求计划的主要依据，并且以粗能力数据调整这个计划，直到平衡。

(2) 协调市场需求和企业制造资源之间的差距，实现生产活动的稳定和均衡。主生产计划的计划方式就是追踪需求。如果直接根据预测和客户订单的需求来运行 MRP，那么得到的计划将在数量和时间上与预测和订单需求完全匹配，但是预测和订单是不稳定、不均衡的，直接用来安排生产将会出现时而加班加点也不能完成任务，时而设备闲置、人员闲置的问题，这将会给企业带来灾难性的后果，而且企业的生产能力和其他资源是有限的，这样的安排也不是总能做得到的。另外，主生产计划这一层次，通过人工干预、均衡安排，使在一段时间内主生产计划量和预测及客户订单在时间上相匹配，而不追求在每个具体时刻均与需求相匹配，从而得到一份稳定和均衡的计划。

(3) 将生产、设计、销售等部门联系起来，成为从营销到制造的桥梁。生产部门依据主生产计划来确定未来某时段将要生产的产品；设计部门依据主生产计划来调整设计和工艺准备的进度，以保证生产的需要；销售部门依据主生产计划来确定未来将为客户提供的服务，明确表达对客户的承诺。同时，主生产计划还为相关部门提供生产和库存信息，一方面帮助销售部门签订订单；另一方面使生产部门较为精确地估计生产能力，平衡生产并实现对销售部门的反馈，形成沟通企业内、外部的桥梁。

总之，主生产计划在计划系统中的位置是一个上、下、内、外交叉的枢纽，地位十分重要。主生产计划把企业规划同日常的生产作业计划关联起来，为日常作业的管理提供一个"控制把手"，驱动一体化的生产计划与库存控制系统的运作。主生产计划编制和控制是否得当，在相当大的程度上关系到计划系统的成败。

3. MES中的生产计划

在MES中，生产计划是MES中生产管理的重要组成部分。生产计划具有生产优先级调整、生产进程监控等功能；生产计划的执行过程也是一个反馈过程，只有在最后工序生产出满足客户所要求的产品，生产计划才被视为有效，否则，所有工序将按照未完成的生产订单重新计划。

1）生产优先级调整

当产品生产计划确定后，在后续生产中，在生产过程中如果确实有调整生产计划的需要，计划人员或调度人员可以通过生产优先级调整，对生产计划进行分析和有效调整。生产优先级调整界面如图2-61所示。

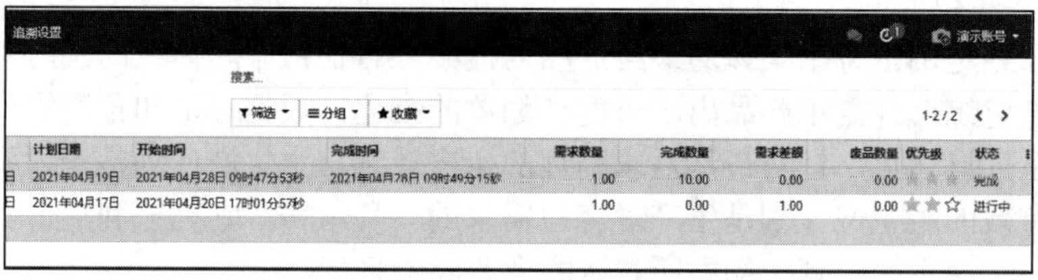

图2-61 生产优先级调整界面

2）生产进程监控

对于车间生产计划，我们可以在工作中心计划中了解各工作中心的生产计划安排；对于生产过程，可以利用生产过程状况分析，查询产品的制造进度。根据产品生产要求，可以查看各工作中心生产计划安排，实现产品生产过程监督。生产进程监控界面如图2-62所示。

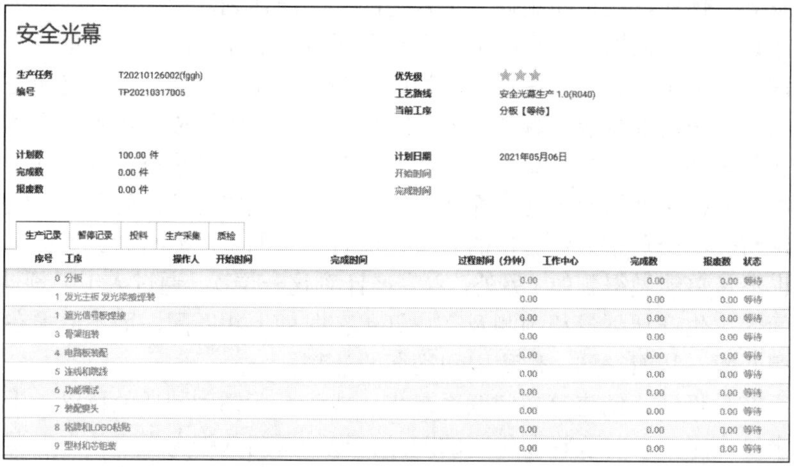

图2-62 生产进程监控界面

2.7.3 生产任务分配、执行及进度控制

在 MES 中，每个生产订单的工序生产任务都被安排到具体的工位上，但生产任务还没有被下达到工位；工位任务下达前，在工位生产客户端上还看不到工位生产任务。工位任务的下达是交给车间的生产调度人员来操作的，MES 的生产管理客户端提供了下达工位任务的功能。

生产工位在工位生产客户端上领取并执行生产任务。一旦车间生产调度人员向某个工位下达了一个工位生产任务，该任务就会被推送至相应的工位。如果同时下达了多个任务，则工位会同时收到多个生产任务。MES 对一个工位上的多个生产任务并没有强制规定生产执行的顺序，工位上的生产人员可以灵活地决定任务的执行顺序，只要任务执行的生产条件已经具备，就可以开始生产。

1. 生产任务分配

1）生产任务分配的要求

根据企业生产特点的不同，可以按以下两个要求进行生产任务分配。

（1）以交货期为重点进行分配。根据不同顾客提出的交货期要求，妥善安排各种产品的作业顺序，以确保按期交货，优先安排那些交货期紧急、工作量大或违约责任大的生产任务，这是编制日程计划的基本原则，也是提高企业信誉的重要措施。

（2）以提高生产效率为重点进行分配。将工作、加工方法相同的产品集中起来分配作业任务，以提高生产效率和设备运转率。生产任务分配界面如图 2-63 所示。

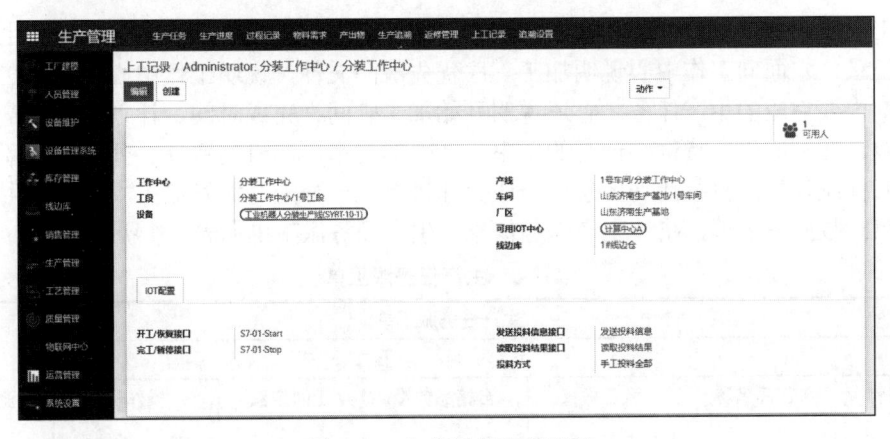

图 2-63 生产任务分配界面

2）生产任务分配的方法

生产任务分配人员按照安排好的作业顺序，以某种简单、明了的方式，向操作者下达作业指令。生产任务分配，因为车间、工段的生产类型不同，所以有以下不同的方法。

（1）标准派工法。在大量大批生产的工段、班组里，每个工作地和每个操作者执行的工序比较少，而且是固定、重复。在这种情况下，生产派工可以通过编制标准计划的方式来实现。

（2）定期派工法。这种方法适用于成批生产和比较稳定的单件小批生产车间。派工员根据月度的工段作业计划，在较短的时期内，定期为每个工作地分派工作任务。为了既考虑制品的加工进度，又考虑设备的负荷，在派工时要同时编制零件加工进度计划和设备负

荷进度计划。

(3) 临时派工法。临时派工法的特点是根据生产任务和准备工作的情况及各工作地的负荷情况,随时把任务下达给工作地。这种方法适用于单件小批生产类型的车间。

3) 生产任务分配的步骤

生产任务分配一般遵循以下几个步骤。

(1) 发出生产命令,签发加工路线单。根据生产投料日期的先后顺序向制造单位发出生产命令单、工作单,计划调度员按任务分配箱的方法,根据月度生产作业计划和投料提前期,分批签发加工路线单(或工单),并放在加工头道工序"已指定"的格子里。

(2) 领取需用材料。材料员在生产前由制造单位持用料明细单领料单向仓库领取需用材料。

(3) 领取需用工具。在生产前由制造单位持工具申请单向工具库领取需用的工具。如果在生产前不能将物料、工具准备妥善,应迅速通知相关单位,更改生产日程计划。

(4) 加强制程管制。配合批量生产,依据工艺规范加强制程管制。

(5) 记录生产时间,关注进度。各制造单位的生产日报表应记录生产时间、关注进度,以便跟催。

(6) 完成品入库。完成品依据生产命令单工作单的批号,以入库传票移转入库。

(7) 完工。完工的生产命令单工作单转回作业分配部门及财务(成本)部门,余料及工具随即缴库,加工完毕后,经检验合格,办理入库手续。

2. 生产任务执行

派工单(又称工票或传票、作业调度)是企业对工人分配生产任务并记录其生产活动的原始记录。它面向工作中心说明加工工序优先级的文件,说明工作中心的工序在一周或一个时期内要完成的生产任务。它还说明开始加工时间、完成时间、计划加工数量、计划加工时数、在制的生产货位、计时的费率、计件的费率、加班的费率、外协的费率。企业为了更好地统计生产执行活动信息,一般会在进行生产分配时派发派工单,并在生产任务阶段结束时收回派工单,统计生产任务信息。生产任务派工单如表 2-6 所示。

表 2-6 生产任务派工单

生产任务派工单						
年 月 日						
产品名称	工序名称	派工数量	合格品数量	工时定额	操作员	派工人
检查内容:						

派工单是基本的生产凭证之一。它除了具有发布开始作业、发料、搬运、检验等生产指令的作用,还具有控制在制品数量、检查生产进度、核算生产成本做凭证等作用。派工单通常每天产生并按工作中心进行调整,也被称为调度表或工长日报表。派工单的具体形

式很多，有投入出产日历进度表、加工路线单、单工序工票、工作班任务报告、班组生产记录和传票卡等。

3. 生产进度控制

生产进度控制是在生产计划执行过程中，对有关产品生产的数量和期限的控制。生产进度控制按照预先制订的作业计划，检查零部件投入、产出时间、数量和配套性，保证产品按作业计划执行。生产进度控制是生产控制的基本内容，主要包括投入进度控制、工序进度控制和产出进度控制。生产进度控制的内容和基本工具如图 2-64 所示。

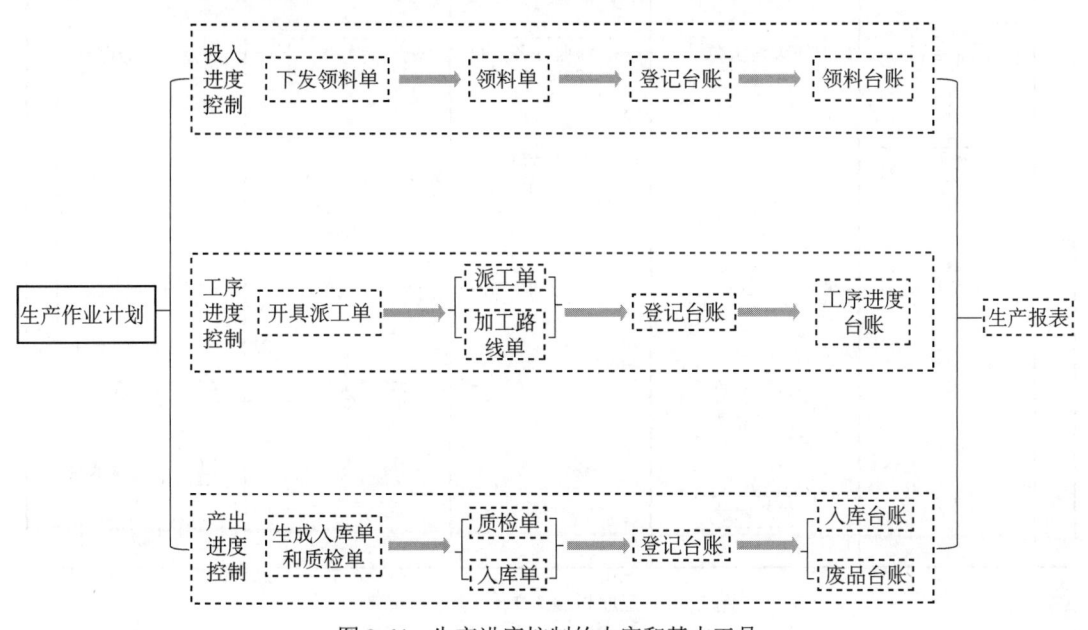

图 2-64 生产进度控制的内容和基本工具

（1）投入进度控制的过程：根据生产作业计划，发出投产指令——领料单，将车间领料的执行进度登记在统计台账上，如果与投入计划有偏差，调度员将分析原因并采取措施修正偏差，保证投入计划的实现。

（2）工序进度控制的过程：根据某种零件的工序进度计划，从第一道工序开始，对逐道工序发出出产指令——派工单，每道工序的工人接到派工单后开始加工作业，作业完成后将实际作业情况填写在派工单上，然后交给检验员检验，检验员做出合格、返修、报废等检验结果后，检验员将工票交给统计员，同时开出返修单和废品单，统计员根据检验单、返修单、废品单建立工序进度台账、废品台账、返修品台账等，如图 2-65 所示。

（3）产出进度控制。它是通过入库单和入库台账进行的，其过程与投入进度控制和工序进度控制的相似。

生产进度控制贯穿整个生产过程，从生产技术准备开始到产成品入库为止的全部生产活动都与生产进度有关。在计划执行过程中，各种生产条件都有可能发生变化。例如，生产设备发生非计划性停机，生产操作人员发生变动，物料不能及时供应，甚至因为物料的原因需要调整生产工艺等，这些变化因素都会使生产计划不能按时完成，所以需要通过一系列有效的控制活动来保证计划的执行。这些活动包括如下内容。

①进度统计：用统计表或统计图的形式反映生产执行的真实状况。

②进度预测与情况分析：根据进度统计结果对所有生产订单的完成时间做出预测，并对生产执行情况进行分析，发现影响订单生产进度的瓶颈因素。

③作业调整：对于有延期风险的订单，需要管理人员做出及时的生产调整。例如，适当调整生产作业顺序，提前安排生产时间紧迫的订单。如果调整作业计划后还是无法满足要求，则应采取必要的加班等措施。

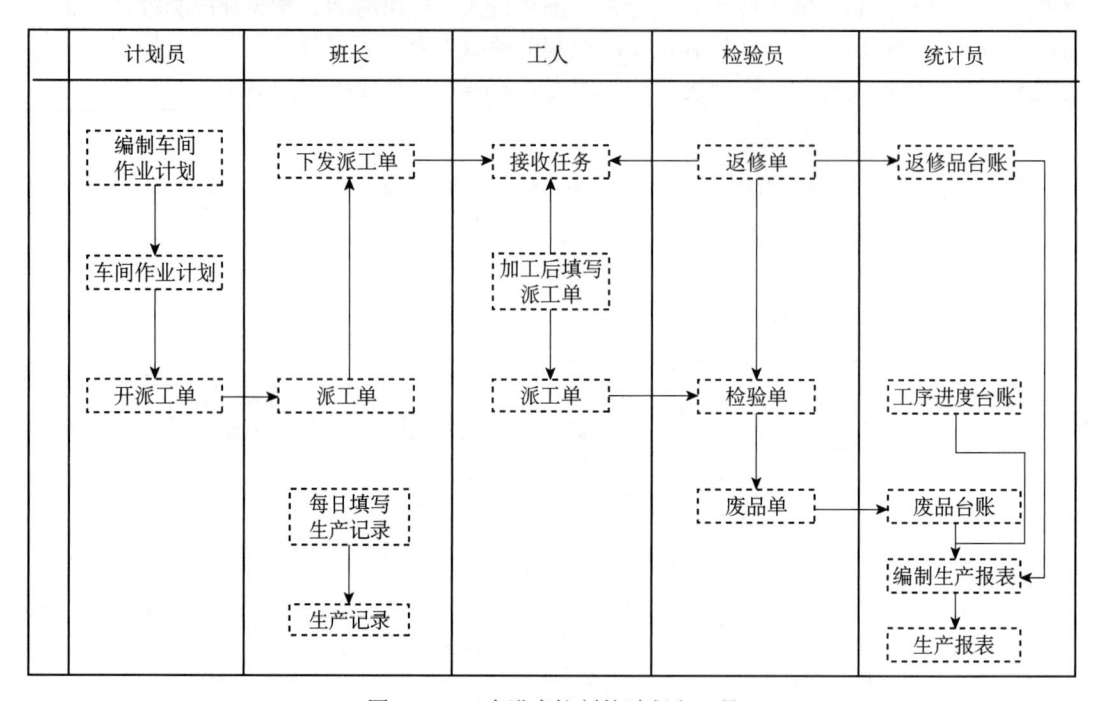

计划员	班长	工人	检验员	统计员
编制车间作业计划	下发派工单 →	接收任务 ←	返修单	返修品台账
↓		↑		
车间作业计划		加工后填写派工单		
↓		↓		
开派工单 →	派工单	派工单 →	检验单	工序进度台账
			↓	
	每日填写生产记录		废品单 →	废品台账
	↓			↓
	生产记录			编制生产报表
				↓
				生产报表

图 2-65　工序进度控制的过程和工具

4. MES 中生产进度控制

对于多品种、小批量的订单式生产，作业控制是比较复杂的，生产调度的难度越来越大，凭借传统的口头命令或纸质工单的方式，已不能满足生产控制的要求。MES 的引入使企业的生产控制能力大大提高；MES 的数据采集能力能够使生产数据及时进行汇总和统计，MES 的消息推送能力能够使生产信息及时送达生产管理者，部署在车间显著位置的显示屏能够实时显示各种图表和数据，使生产状况一目了然。常见的 MES 生产进度控制内容包含以下几个。

（1）查询：系统提供了综合查询功能，可以设置综合查询条件进行订单筛选，查询条件包括按各种日期（计划日期、排产日期和交货日期）筛选、按订单状态筛选、按订单编号筛选及按计划时间筛选。生产进度查询界面如图 2-66 所示。

（2）订单状态：订单状态有初始化、已排程、生产中及完成。订单状态界面如图 2-67 所示。

（3）生产进度：生产进度标志有完成和进行中等。生产进度界面如图 2-68 所示。

（4）已完成工序、未完成工序查看：查看已完成生产的工序列表、未完成生产的工序列表。

（5）置顶：将订单打上"置顶"标志或取消"置顶"标志。在工位生产终端上，置顶的订单生产任务会被显示在工位生产任务列表的最前面。

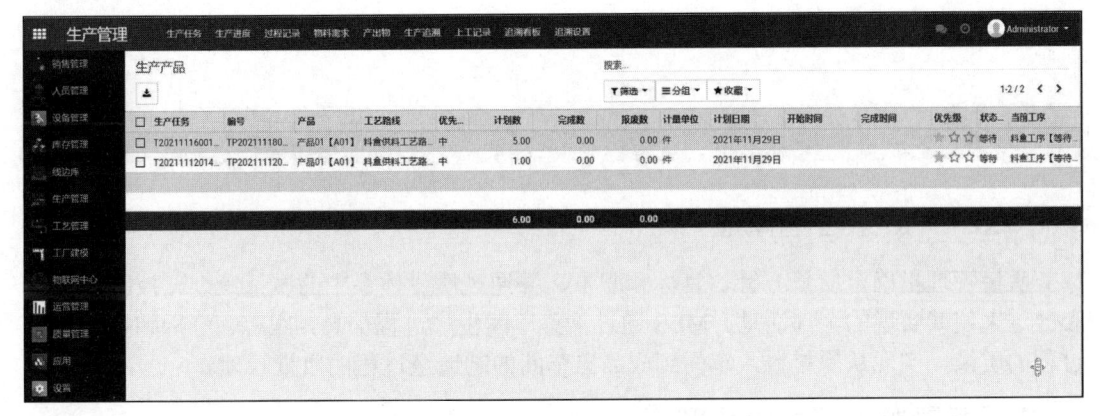

图 2-66 生产进度查询界面

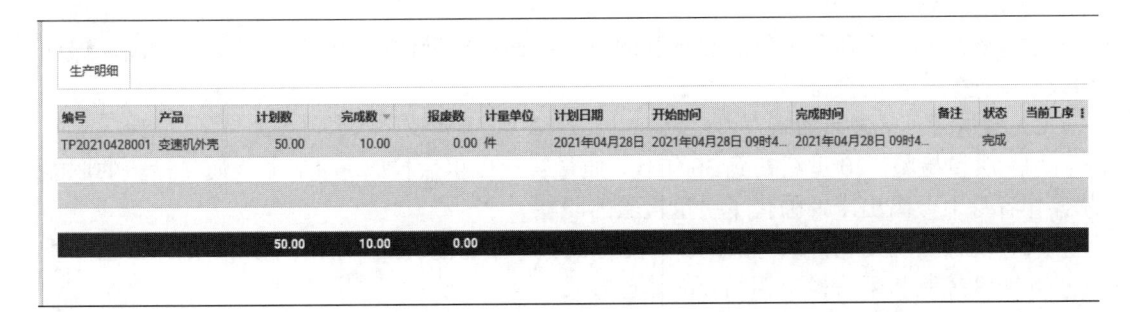

图 2-67 订单状态界面

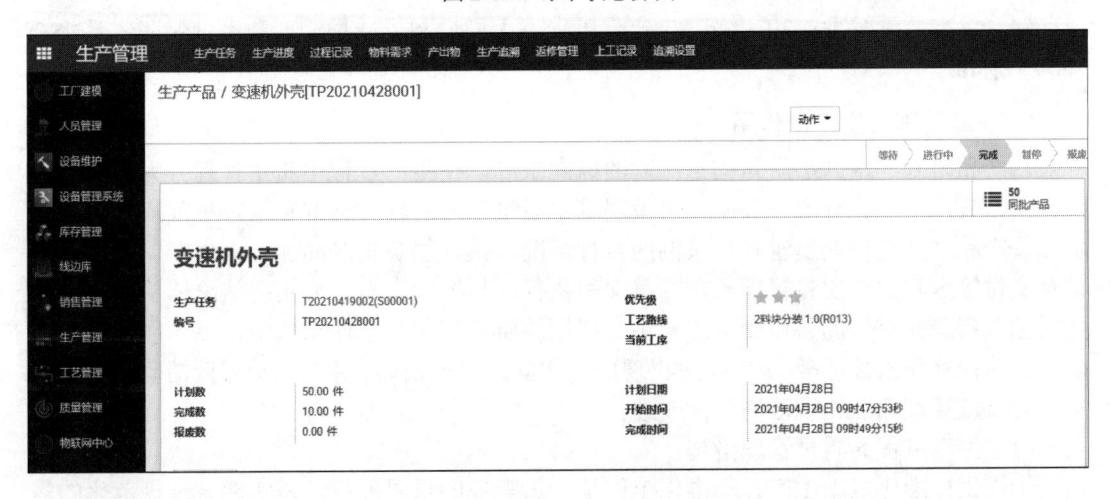

图 2-68 生产进度界面

（6）着急发货：可以将订单打上"加急"标志或取消"加急"标志。在工位生产终端上，加急的订单生产任务会被显示在工位生产任务列表的最前面，加急订单比置顶订单还要靠前，要优先生产。

（7）生产状态：生产完成的百分比。

（8）报验状态：产品申请报验的百分比。

（9）导出查询结果：单击"导出当前页面数据"按钮，可以把当前页面中的订单列表导出到一个 Excel 文件中。生产管理人员可以根据订单跟踪提供的信息，对生产任务进行调整。

2.8 质量管理

2.8.1 质量管理概述

质量管理指确定质量方针、目标和职责，并通过质量体系中的质量策划、控制、保证和改进来使其实现的全部活动。MES 通过采集车间生产过程信息，跟踪、分析和控制加工过程的质量，实现从原材料入车间到成品出车间的制造全过程的质量管理。

1. 质量管理的含义和发展阶段

1）质量管理的含义

质量管理指确定质量方针、目标和职责，并通过质量体系中的质量策划、控制、保证和改进来使其实现的全部活动。

2）质量管理的发展阶段

（1）质量检验：20 世纪初到 30 年代，质量管理以事后检验为主，并将质量检验的职能从操作者身上分离出来，强化了质量检验的职能。

（2）统计质量控制：20 世纪 40 年代到 50 年代，质量管理以工序控制为主，突出了质量的预防性控制和事后检验相结合的管理方式。

（3）全面质量管理：20 世纪 60 年代到 70 年代，质量管理的对象不再是狭义的产品质量，而是扩展到工作质量和服务质量等，即广义的质量。

（4）标准质量管理：20 世纪 80 年代以来，人们编制了质量管理和质量保证体系 ISO 9000 族标准。

2. 质量管理对生产的作用

从产品研制、生产的质量信息流动的纵向来看，在生产过程中质量管理分为三层，即决策层、管理层、执行层。其中，决策层制定质量管理的相应标准和执行规范，管理层负责监督产品生产过程的质量管理条例的执行情况，执行层负责产品加工、生产、装配、调试及交付等过程中对质量管理条例的贯穿和执行。从横向来看，要实现从总体单位设计任务书输入到产品交付的售后服务的全生命周期的质量管理。在此结构中，下一层接受上一层下达的计划和执行标准、规范，对出现的现实问题进行反馈，并向上一层反馈质量信息，实现对质量管理标准和规范的持续改进。

（1）生产过程的质量管理措施。

①强化标准化组织生产。标准化工作是质量管理的重要前提，是实现管理规范化的需要。在产品生产过程中，对于军用标准、企业标准中的规定需要按标准执行，对于标准中禁限用工艺，必须按要求强制要求车间工人禁用。

②加强质量检验机制。质量检验指在生产过程中需要对原材料、元器件、组件、半成品等进行检验、鉴别、分选，并剔除不合格品；在产品装配过程中，需要对产品的外观、静电电气性能等进行合格性检验，确保每次装配工序完成后的产品均合格，防止不合格工序流向下道工序，导致产品故障排查难度加大。质量检验机制的严格把关，保证了不合格的原材料不投产，不合格的半成品不转入下道工序，不合格的产品不出厂。

③合理运用质量管理工具。产品在研制、生产过程中,需要借助一系列仿真工具和数据记录、统计工具,使用可视化工具对产品生产中元器件的检验参数、产品调试参数等数据进行可视化呈现。通过可视化工具对生产过程中的人员、机器、原料、方法、环境进行实时监控,当出现异常情况时,可以在短时间内对出现的异常点进行整改。

(2)元器件质量管控:适用于产品元器件的全寿命周期的各阶段,包括方案论证阶段、工程研制阶段、定型阶段、售后使用阶段,应满足其功能、性能、环境适应性、安全性、质量与可靠性要求。在生产过程中,元器件质量管控工作主要包括元器件采购、监制、验收、复验、补充筛选。

(3)生产过程的质量保证措施。

①严格贯彻执行工艺规程,保证工艺质量。组织技术检验,把好工序质量关,实行全面质量管理。

②全面、准确、及时地掌握在制造过程中各环节的质量现状和发展动态。

③加强不合格品管理。不合格品管理工作要做到三个"不放过",即没有找到责任和原因"不放过",没有找到防患措施"不放过",当事人没有受到教育"不放过",强化制造过程的各工序检测。

(4)产品质量数据管理及分析。根据产品在生产过程中的质量数据进行采集、记录、存储,并使用合理的分析工具对数据进行分析,将元器件检验、产品生产、装配、调试、交付及售后的数据进行采集,形成完整的产品质量数据;将为产品再生产、产品衍生型号的研发等提供数据支撑。

3. MES 中的质量管理

质量管理作为 MES 中一个非常重要的功能,通过分析质量问题的源头,在根源处消除隐患。全面的质量管理从原材料的检验、加工过程控制、质量检验与改进到产品质量总结,生产管理人员可以查阅质检单,及时查找和分析原因,第一时间给出解决对策。

MES 中的质量管理系统主要由质检方案、质检计划、质检单、质检团队及不良品处理等功能组成,如图 2-69 所示。

1)质检方案

在质检方案界面中可以设置质检方案名称、质检项选择、录入方式、首检数,以及产品质检是否必检或首检。质检方案界面如图 2-70 所示。

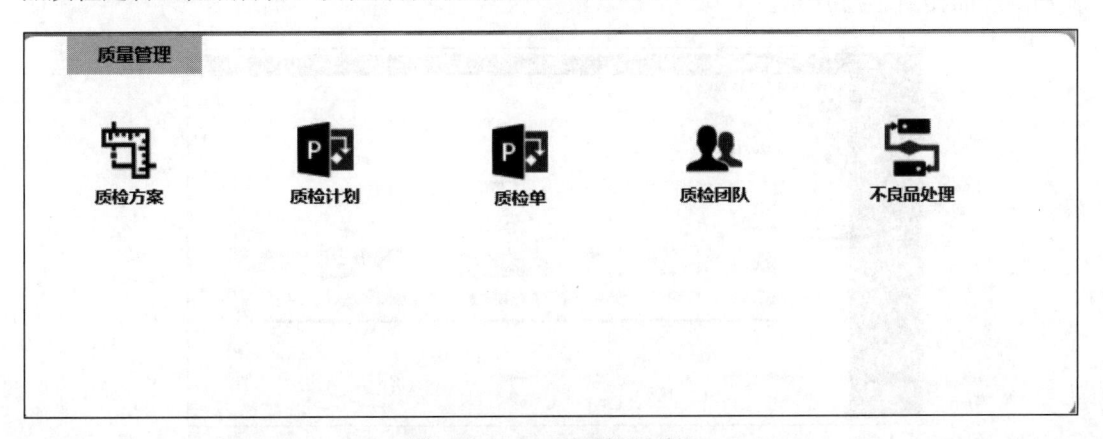

图 2-69 MES 质量管理系统

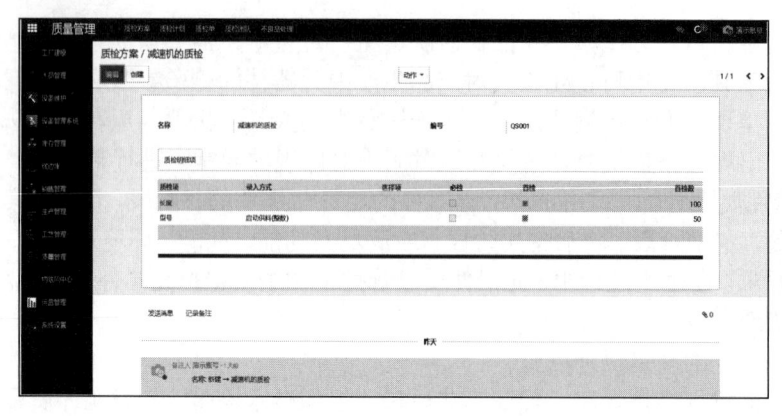

图 2-70 质检方案界面

2）质检计划

根据生产任务和质检方案制订质检计划，选择质检类型和质检数，单击"保存"按钮，完成质检计划的创建。质检计划界面如图 2-71 所示。

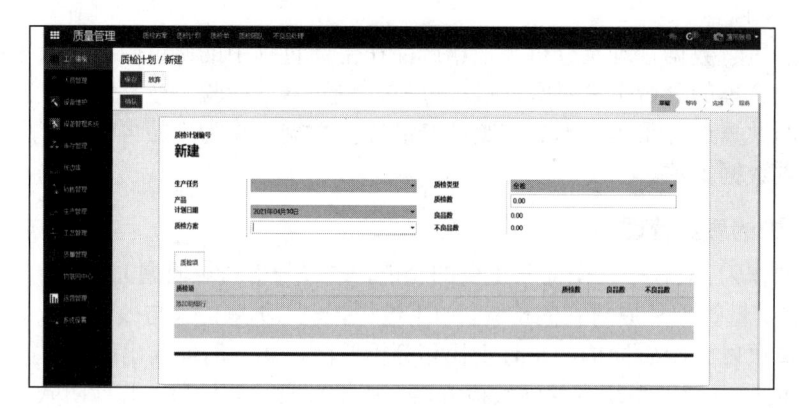

图 2-71 质检计划界面

3）质检单

质检单指检验产品后的检验报告。生产人员可以根据质检单，了解产品的质量结果。质检单界面如图 2-72 所示。

图 2-72 质检单界面

4）质检团队

质检团队创建一般根据质检方案与质检计划设置相应的质检团队,编辑质检团队名称,选择质检团队成员,确定质检团队负责人。质检团队创建界面如图2-73所示。

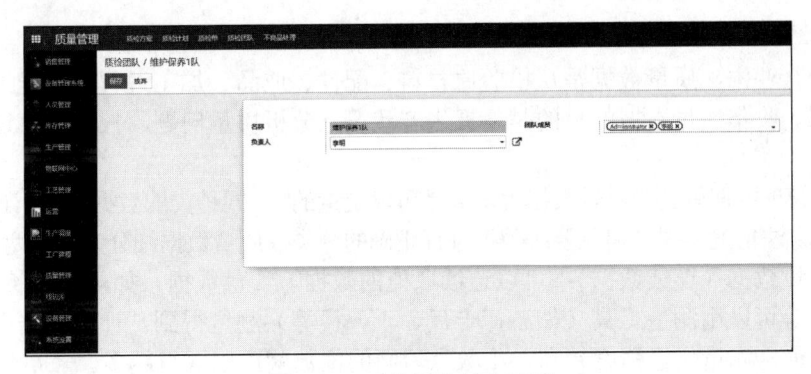

图2-73　质检团队创建界面

5）不良品处理

在不良品处理界面中可以查看不良品处理记录与不良品类型;在不良品管理中可以设置产品信息、生产明细、数量、不良品类型等内容。不良品新建界面如图2-74所示。

图2-74　不良品新建界面

2.8.2　质量数据管理与分析

1. 产品质量

在质量管理领域,最初质量的概念仅用于产品,符合事先规定的标准要求就是质量合格的产品,后来发展到以满足某种事先设定的使用需求来定义,再后来质量的概念扩展到服务、过程、活动和组织体系。国际标准化组织对质量的定义为"一组固有特性满足要求的程度"。

产品质量指产品满足规定需要和潜在需要的特征及特性的总和。任何产品都是为满足用户的使用需要而制造的。对于产品质量来说,不论是简单产品还是复杂产品,都应当用产品质量特性或特征去描述。产品质量特性依据产品的特点而异,表现的参数和指标也多种多样,反映用户使用需要的质量特性归纳起来一般有六个方面,即性能、使用寿命(耐用性)、可靠性与维修性、安全性、适应性、经济性。

工业产品的质量特性有一些是可以直接定量的，如钢材的强度、化学成分、硬度、使用寿命等。它们反映的是工业产品的真正质量特性。不同的产品有不同的质量特性，如反映零件加工精度的几何尺寸、几何公差和表面粗糙度等。

2. 质量数据

在制造行业中，质量数据是从检验原材料、配件、成品、加工过程、装配过程等中所获得的数据。收集质量数据的目的是掌握生产状况，分析质量问题，控制工序过程和判断产品质量。

在质量管理中搜集到的质量数据大多数是可以定量的。不同种类的数据，其统计性质不同，相应的处理方法也就不同，因此要对数据进行正确的分类。质量数据细分为以下两种。

（1）计量数据（连续数据）：可以连续取值的数据。计量数据，如重量、长度、温度、密度、黏度等可以用测量工具（如游标卡尺、千分尺等）测量得到。计量数据可以带有小数点以下数值。测量仪器精度越高，小数点后面的位数就可以取得越多。

（2）计数数据（离散数据）：不能连续取值的数据。计数数据不能用测量工具测出小数点以下的数值，只能用自然数 0、1、2、3 等计数，如砂眼数、气泡数、焊渣数、焊疤数、毛刺数、缺陷数、庇点数、不合格品数、废品数等。

计数数据分为计件数据和计点数据。计件数据指对产品进行按件检查时所产生的属性数据。计点数据指每件产品上质量缺陷的个数。

质量数据具有波动性和规律性两个特点。由于随机因素和系统因素的存在，我们收集到的质量特性数据存在一定的波动。也就是说，即使作业者、机器、原材料、加工方法、测试手段、生产环境等条件相同，生产出来的同一批产品的质量也并不完全相同。同时，质量特性的波动并非无规律可循，当生产过程处于统计控制状态时，数据的波动服从一定的分布规律。MES 质量数据管理的工作主要涵盖检验、分析、控制三个环节，工作内容包括六个方面，如图 2-75 所示。

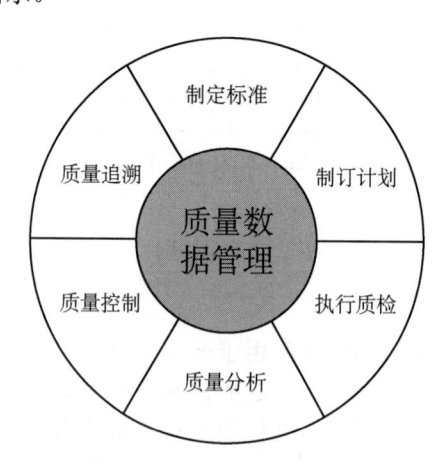

图 2-75 质量数据管理示意

① 制定标准：确定各工序阶段所要达到的质量要求和工艺参数。
② 制订计划：依据车间的排产计划，确定检验项目、质检方法和检验要求。
③ 执行质检：获取质检数据，包括对原料、中间品、成品的检验数据。
④ 质量分析：对检验数据进行统计分析，改进质量保证措施，保证产品质量。
⑤ 质量控制：计算工序能力指数，评价工序加工能力，对制造过程进行过程控制。

⑥质量追溯：发现在制造环节中产生的质量问题及根源，纠正在制造系统中产生的故障。

3. 质量数据收集的方式

质量数据收集是 MES 进行质量统计分析的基础。根据不同的应用场景、人员能力、设备投入等方面的因素，MES 采用不同的数据收集方式，包括手工录入、半自动收集和自动收集三种方式。

1）手工录入

考虑到设备、现场条件和成本等因素，需要利用各种手动计量仪或"目测"的方式来进行检测。系统设定相关质量信息录入功能，检测人员"目测"计量仪的读数，然后通过计算机或信息交互终端进行数据的手工录入、处理。

2）半自动收集

采用条码扫描枪（图 2-76）、RFID 读写器获取数据的方式目前较为普遍。采用条码扫描枪或 RFID 收集数据的前提是信息可以以编码的方式表示，物品与编码建立对应关系，如产品批号、包装号、物料批号、加工资源编号、运输资源编号、工位号、人员编号等条码。RFID 可以提高数据录入的准确性和录入速度，且成本较低。因此，一般将数据进行分类，然后进行编码处理，即可用于现场的数据收集。

图 2-76 利用条码扫描枪读取信息

3）自动收集

MES 设有各种接口与不同的数据收集装置，如计量器、测量器、条码读卡机、无线射频扫描仪与各类仪器仪表等相连接，完成各种质量数据的自动收集及处理工作。

目前收集数据的设备有条形码、RFID、传感器、检测仪器、PLC、触模式计算机、机械手等。无论采用哪种收集方式，收集质量数据时应注意以下事项。

（1）数据必须真实、可靠。

（2）数据的记录格式要便于以后应用统计方法。

（3）要记录与数据有关的背景，如测试目的、日期等。

（4）要记录清楚收集数据的时间和地点。

4. 质量数据统计的方式

对质检得到的质量数据进行简单的归纳分析，来描述产品的质量状况，被称为描述性统计。在描述性统计中，主要使用集中趋势、离散趋势、分布形态等来描述数据的集中性、分散性和对称性，归纳出产品的质量状况。在质量数据分析中，采用图形方法，可以直观地分析数据，找到问题产生的原因。目前比较常用的有直方图法、分层法、排列图法、控制图法、因果图法、散布图法、调查表法等，以下仅介绍前三种。

1）直方图法

直方图法又被称为频数分布图、质量分布图、柱状图，指从总体中随机抽取样本，将从样本中获得的特性数据进行整理，形成描绘产品质量特性分布状况的直方图。直方图法的作用概括为以下三点：①提示质量数据的中心、分布和形状；②显示质量特性值出现的频率、分散程度；③判断产品质量的分布。

直方图示意如图 2-77 所示。

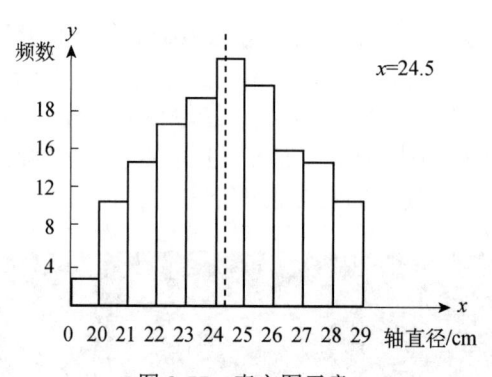

图 2-77　直方图示意

直方图法是将收集到的检测数据分为若干相等的区间作为横轴，将各区间内检测值所出现的频数用柱状排列起来，步骤如下。

（1）收集数据。随机抽取 50 个以上的质量特性数据。样本容量 n 一般大于 50 个。

（2）计算极差 R。找出数据中的最大值 X_{max}、最小值 X_{min}，计算极差 R，$R=X_{max}-X_{min}$。

（3）确定组数 k 和组距。先根据样本数据的个数 n，确定组数 k，再以此组数 k 去除极差 R，可以得到直方图每组的宽度，即组距 h。

（4）确定各组界限和中心值。按组距 h 形成每组的上、下界限值，即（X_{min}，$X_{min}+1h$），（$X_{min}+1h$，$X_{min}+2h$），（$X_{min}+2h$，$X_{min}+3h$）……，作为直方图的横坐标。为了避免数据落在组界上，组界值的末位数应取测量值单位的 1/2。

（5）绘制频数分布表。将样本数据分别归入相应的组，统计各组数据的个数，即频数。

（6）画出直方图。横坐标表示质量特性，纵坐标表示频数。在横轴上标明各组组界。以组距为底，频数为高，画出一系列的直方柱。

2）分层法

分层法又称分类法、分组法，指将同一条件下收集取得的数据，按某一性质进行分组、整理的方法。把性质相同的数据列为一组，使数据反映的事实更明显、更集中，从而找准问题，对症下药。对同一批数据，可以按不同性质分类，从不同角度来考虑、分析产品存在的质量问题和影响因素。

分层法是质量管理统计分析方法中一种基本的方法。其他统计方法，如排列图法、直方图法、散布图法等一般与分层法配合使用，通常先利用分层法将原始数据分门别类，然后进行统计分析。常用的分类方式有以下几种。

（1）施工时间，如不同的班次和时间段。
（2）操作人员，如工龄（新老工人）、性别等。
（3）设备类型，如不同的机床型号、工装夹具等。
（4）操作方法，如不同的工艺、温度等。
（5）原材料，如不同的进料时间、不同的供应单位、不同的材料等。
（6）检测手段，如不同的测量仪器、检测环境等。
（7）产生废品的缺陷项，如按铸件的裂纹、气孔、缩孔、砂眼等缺陷项。

3）排列图法

在质量管理过程中，要解决的问题很多，只要能找出几个影响较大的原因，并加以处置及控制，就可以解决 80% 以上的问题。排列图是分析和寻找影响质量主要因素的一种工具，其形式用双直角坐标图表示，通过对排列图的观察和分析可以抓住影响质量的主因素。排列图示意如图 2-78 所示。

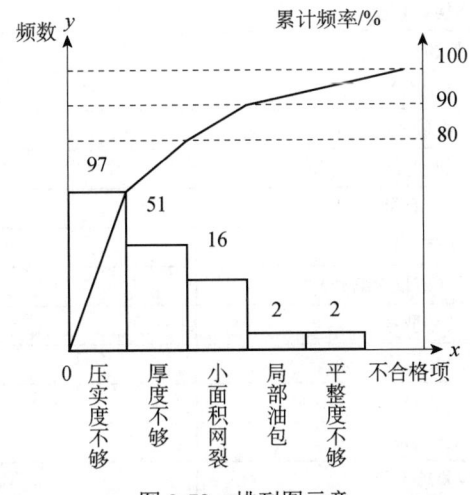

图 2-78 排列图示意

排列图可以形象、直观地反映主次因素，其适用性主要有：按不合格点的内容分类，可以分析出造成质量问题的薄弱环节；按生产作业分类，可以找出生产不合格品最多的关键过程；按生产班组或单位分类，可以分析并比较各单位的技术水平和质量管理水平；将采取提高质量措施前后的排列图进行对比，可以分析措施是否有效。

2.8.3　质检计划管理

产品形成的各阶段，从原材料投入到产品实现，有各种不同的生产活动，同时伴随着各种不同的质检活动。质检活动的安排与生产订单有密切联系，因此，需要制订质检计划，合理安排质检工作，以协调、指导检验人员完成检验工作。

1. 质检计划认知

质检计划是根据工序计划对检验工作进行的工作安排，是分派质检人员工作的依据，也是正确收集质量数据的指南。制订质检计划的目的在于科学、经济地组织检验活动，统筹安排检验力量和手段，避免漏检和重复检验，使检验工作逐步实现科学化、条理化和标准化。

质检计划一般以文字或图表形式明确安排检验日期、检验人、检验产品、检验工序、检验内容要求,以及资源的配备,包括设备、仪器、量具和检具等。

MES 质检计划是对生产过程的检验工作做出的安排,不同行业的生产方式和生产类型不同,质量管理有差别,应根据生产规模、产品复杂程度、过程工艺、产品特点及批量大小等编制质检计划。MES 质检计划通常包含以下内容。

(1)检验单号、报验时间、报验数量和报验人等。

(2)生产单号,说明此次检验的批次产品是由哪个生产单或生产指令生产的。

(3)此次检验产品的批次编号、产品型号、产品名称,以及所产出的工序号、工序名称。

(4)计划检验时间、检验人员、检验工位号及抽检数。

(5)检验类型,如首检、抽检和全检等。

质检计划包含的主要信息如表 2-7 所示。

表 2-7 质检计划包含的主要信息

序号	质检计划项	示例
1	检验单号	JY2021030001
2	检验类型	抽检
3	报验人	李明
4	报验时间	2021-03-09
5	报验数量	100
6	生产单号	SC001009123
7	产品编号(或批次编号)	SC202105003001
8	产品型号	JSXZ001
9	产品名称	减速轴
10	工序号	3
11	工序名称	精加工
12	检验项名称	减速轴长度
13	抽检数	6
14	检验工位号	3
15	检验人员	张三
16	计划检验时间	2021-05-01

检验计划应随着制造执行过程中产品的结构、性能、质量要求和过程方法的变化做出相应的修改和调整,以适应生产作业过程的需要。制订检验计划时还要综合考虑质量检验成本,在保证产品质量的前提下,尽可能降低检验费用。

在 MES 中不仅可以编制质检计划,还可以调整质检计划;对于抽样检验,一些 MES 具有自动生产质检抽样计划的功能,能够根据批次大小、可接受质量水平、可拒收质量水平及规格下限等,给出抽样的样本数量。在 MES 中,编制质检计划的一般步骤如下。

(1)获取已排程的生产订单;从生产订单中,调取待检的产品或零部件、批次和数量。

(2)选取待检批次的产品或零部件。选定待检批次后,设定该批次需要做的检验项、检验类型(首检、抽检或全检等)、抽检数量和通过准则等。

(3)安排质检:根据质检工位和操作人员的空闲资源情况,安排质检工位和操作人员;生产工位输出成品时,MES 将自动下达质检任务至检验工位。

2. 质检的类型

按照质量检验的时机和提取样品的方式，质检可以分为首检、巡检、全检、抽检四种类型。

1) 首检

首检指当新品上线的第一个工件，或更换机台、一个作业班次开始加工时，为了检验设备情况、用料情况、产品设计情况等，需要在各工序加工 3～5 个产品，并对产品进行质量检查，确保生产顺利进行。首检通过后，才允许进行批量生产。不同的生产企业会根据产品的特点和车间生产执行的特点，制定首检检验策略和具体规则。

2) 巡检

巡检指对产品生产、制造过程中进行的定期或随机流动性的检验，目的是能及时发现质量问题。巡检时对工序的产品进行检验，并根据检验结果记录检验结论，发现不合格品则发出警告信息。巡检不合格产品不能流到下工位，但巡检不对被检的批量产品进行判断，产品正常流到下工位。人工确定巡检的频率和数量。

3) 全检

全检指对整批产品逐个进行检验，工序中每个产品都需要检验，并根据检验结果录入结论。全检一般针对单件小批生产。一些企业规定，如果批量抽检中发现一个不合格品，则必须全检。

4) 抽检

抽检指从一批产品中随机抽取少量产品（样本）进行检验，据以判断该批产品是否合格。如果判断结果认为该批产品符合预先规定的合格标准，就予以接收，否则就拒收。抽检又分为随机抽检和批量抽检。

（1）随机抽检：不定时对工序的产品进行检验，并根据结果录入结论。

（2）批量抽检：将一个工序生产的产品分成多个批次抽检，需要编制抽检方案。质检人员在生产过程中根据抽检方案对产品进行批量抽检，并对产品质量做出判断。如果在几个批次中都出现质量问题，则需要增加后续抽检批次的比例，达到加强质量控制的目的。如果连续多批抽检质量合格，则可以减少抽检比例，达到减少生产成本、提高效率的目的。

2.8.4 质检作业管理

车间质检作业管理是对原材料、半成品和成品进行质量检验，并根据质量标准，判定质量是否达到要求，使用 MES 的数据采集功能准确记录质检信息。

1. 质检作业流程

车间质检是对生产过程中的原材料质量、在制品的工序质量、成品质量进行在线判定，以确保从原料到成品入库一系列制造过程的质量。

MES 的质检作业管理，是根据检验工作要求，对原材料、半成品、成品进行质量检验后，录入检验数据，并依据质检标准判定产品的质量等级。

在质检之前，初始化质检的各项参数，为生产订单、工序输出的成品设定检验项、质检类型、检验标准和抽检方法等。在质检执行过程中，MES 将预先定义的参数作为质量控制要求传递到各检验工位，可以起到指导、管理质检工作的作用。产品质检流程如图 2-79

所示。

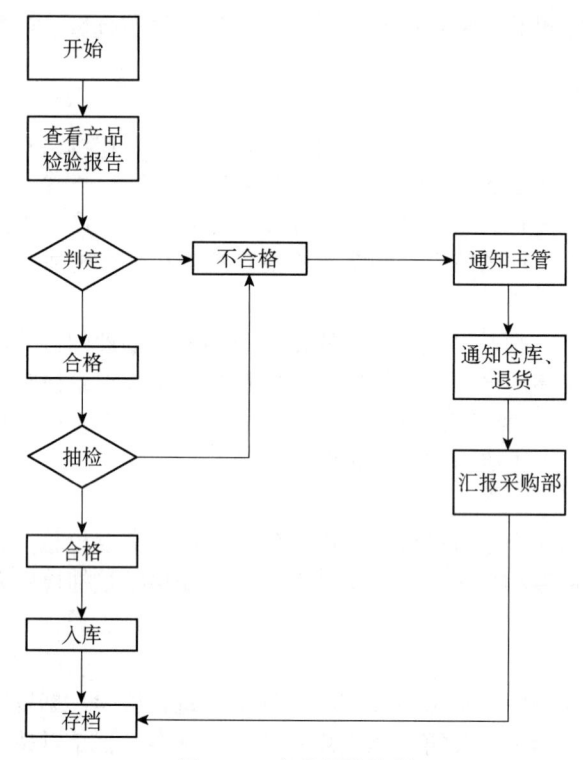

图 2-79　产品质检流程

2. 质量追溯

质量追溯含有跟踪和溯源两层含义，即正向追溯和反向追溯。

（1）正向追溯：依据采购物料的批号、半成品号、生产订单号，向上级生产订单进行追溯，找到哪些销售订单使用了本批物料。

（2）反向追溯：从销售发货反向追溯产品的生产订单、加工过程、物料批次。

为了实现追根溯源，要建立物料批次、成品批次、作业工位和工序等的唯一编码，详细记录每个产品批次采用的物料批次号、经过的工位号、生产机台号和生产班号等，最终为产出的每个产品或每个批次产品赋予唯一标识的追溯码。这个唯一的追溯码关联了从物料开始的一系列加工过程，目前常采用二维码。当产品出现质量问题时，质检人员通过追溯码，可以快速、准确地追溯到出现问题的物料批次号、生产机台号、生产班号、生产工号和检验人员等信息。质量追溯示例如图 2-80 所示。

从追溯码一步一步追溯到原料批次或销售记录等。对外部，如果已经销售，对于影响重大的，应紧急切断问题产品的供应链，定向召回，及时处置，防范风险扩大；对内部，要查找问题产生的原因，如果是原材料问题，可以准确定位到供货商。

追溯过程中为了还原生产环境，挖掘产生产品质量异常的原因，需要在生产过程中采集制造过程的信息，包括人员、机器、原料、方法、环境等，系统在采集过程中将按采集点布局进行采集，采集内容及方式如下：在关键工序设置采集点，采集该工序产品所装配的关键物料的批次号、物料代号、供应商代号等信息。为了快速、准确地记录物料批次信息，系统将采用条码扫描技术来完成物料批次信息的记录，操作员扫描产品条码后，系统自动导入产品编号、订单号、产品型号等信息，同时扫描物料条码后，系统将自动记录物料代号、物料批次号、物料供应商代号信息与产品编号关联。系统将通过条码扫描技术快速、准确地完成供应商物料批次信息的采集工作。

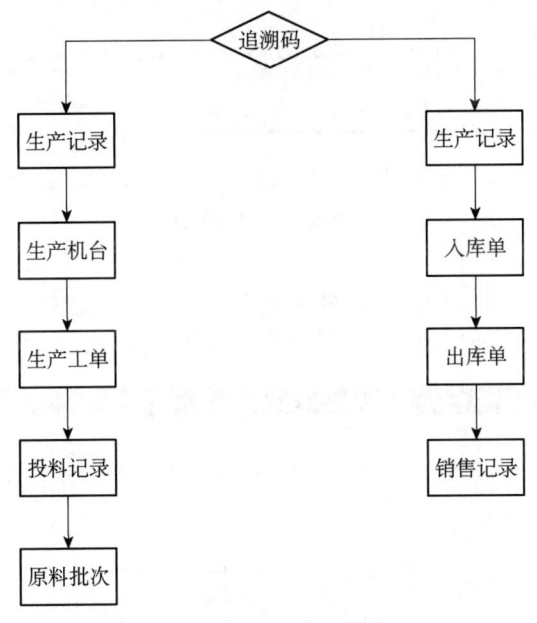

图 2-80 质量追溯示例

为确保追溯信息的完整性、数据采集的高效性和准确性、数据采集的可行性，追溯数据采集将采用条码技术及布局合理的采集点来完成追溯信息的采集工作。

当发现产品质量或物料质量异常时，可快速展开正向追溯、反向追溯查询。

（1）输入产品编号或物料批次号，单击"查询"按钮，系统后台将根据发货通知单及生产订单快速定位到产品信息，双击查询结果可以查看该产品的完整的质量信息。

（2）单击"链接"可以快速定位到对应的 PQC（Process Quality Control，过程质量控制）、FQC（Final Quality Control，最终品质管制）、OQC（Outgoing Quality Control，出货检验）检验报告信息，以及制造过程不合格处理结果。

（3）切换页签快速定位到关键工序人员及所使用仪器设备等信息。

（4）切换页签快速定位到装配的关键物料的批次号及供应商；通过连接可以快速查看该批次的 IQC（Incoming Quality Control，来料质量控制）报告及不合格品处理结论；双击物料批次号可以快速实现反查该物料批次还被应用在哪些产品中，同时这些产品又发给了哪些客户。

3. MES 中质检计划与质检作业管理

在 MES 中，质检计划与质检作业是质检管理中的重要组成部分，质检作业是质检计划的基础，以质检单的形式在 MES 中进行设定。质检人员根据产品检验要求制订质检计划，根据质检计划各工序要求，制定相应的质检单。质检单界面如图 2-81 所示。

图 2-81 质检单界面

1）质检计划

质检计划根据生产任务、产品工艺要求设定，在质检计划中设定相应的质检类型、质检数、质检方案；通过选择质检项，设定产品整个质检计划。质检计划界面如图 2-82 所示。

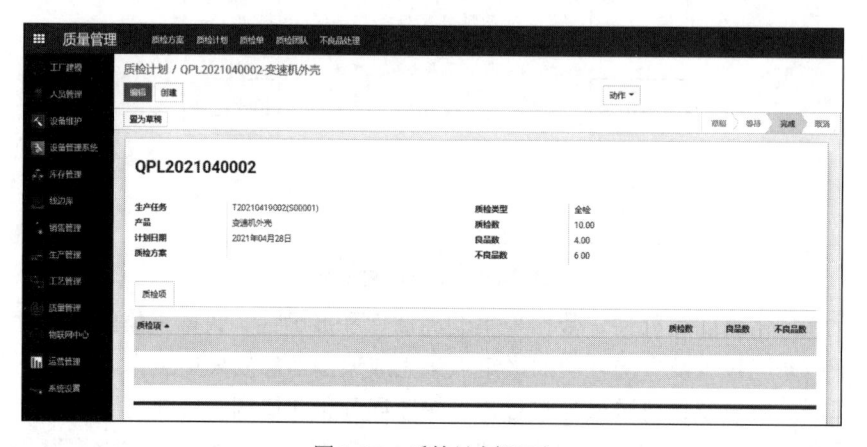

图 2-82 质检计划界面

2）质检作业

质检作业根据产品质检工序要求设置质检项，根据检验结果，反馈质检作业结果，以便 MES 汇总、分析质检数据，完成产品质检数据采集。质检作业界面如图 2-83 所示。

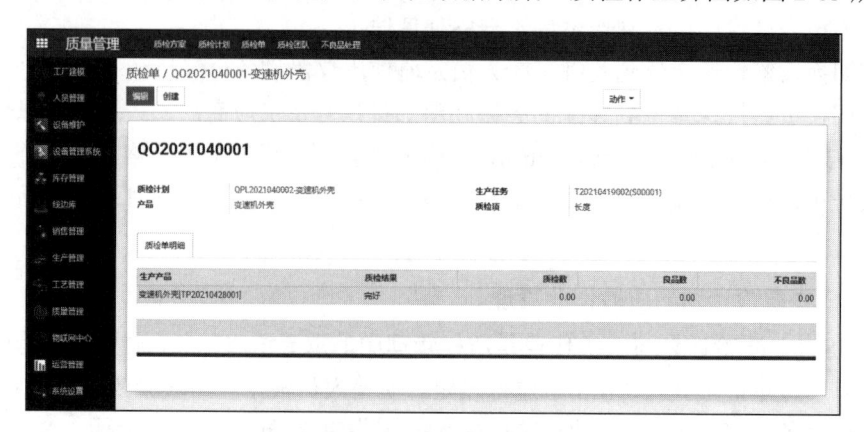

图 2-83 质检作业界面

第 3 章 数据采集

知识目标

1. 了解控制层采集数据的方法。
2. 了解管理层采集数据的方法。
3. 掌握现场总线技术。
4. 掌握 MES 通信配置方法。

学习内容

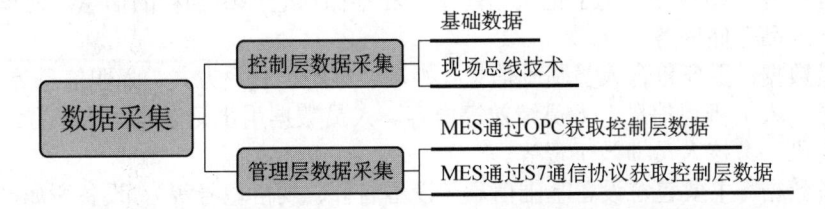

```
                          ┌── 基础数据
        ┌── 控制层数据采集 ┤
        │                 └── 现场总线技术
数据采集 ┤
        │                 ┌── MES通过OPC获取控制层数据
        └── 管理层数据采集 ┤
                          └── MES通过S7通信协议获取控制层数据
```

3.1 控制层数据采集

3.1.1 基础数据

车间在生产过程中会产生各种数据，如物料采购数据、仓库储存数据、工件测量数据等，这些数据支撑着 MES 运行，因此数据采集是 MES 进行数据统计和生产管理的基础。

1. 车间数据的分类

车间数据的种类繁多，根据数据功能不同可以分为以下几种。

（1）研发数据：包括研发设计数据、开发测试数据等。

（2）生产数据：包括物料数据、人员数据、设备数据、工艺参数、过程数据、系统日志等。

（3）运维数据：包括物流数据、产品售后服务数据等。

（4）管理数据：包括系统资产信息、客户与产品信息、产品供应链数据、业务统计数据。

研发数据、运维数据、管理数据属于管理层,生产数据属于执行层,控制层作为桥梁连接管理层与执行层的数据,各数据分类如图3-1所示。

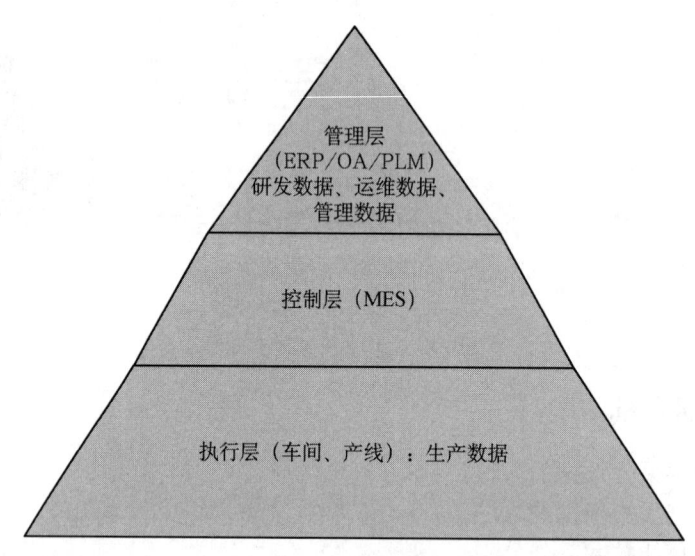

图3-1 各数据分类

MES在运行过程中主要采集的是生产数据,生产数据的具体内容如下。

①物料数据:主要包含物料名称、规格型号、物料采购数量、现有库存数量、物料出入库记录等内容。物料数据用于记录车间生产和存储在仓库中物料的信息,为车间生产物料供应、产成品存储服务。

②人员数据:主要包含人员基础信息(姓名、年龄、联系方式、入职信息等)、人员岗位角色信息、人员班组信息、人员绩效等内容。人员数据用于记录车间人员分工、上岗信息、生产排班、考核人员绩效工资等。

③设备数据:主要包含设备基础信息(设备名称、规格型号等)、设备所属产线、设备负责人、设备保养信息、设备维修记录等内容。设备数据用于制订设备维修保养计划、点检计划,记录设备使用记录、设备产出情况等。

④工艺参数:主要包含工序数据、工艺路线数据、工艺作业标准数据、工艺采集项等内容。工艺参数用于设置产品生产工艺方法、设备动作流程、工件加工标准等。

⑤过程数据:主要包含订单信息、生产任务数据、工位检测数据记录、设备产量、产线产量、生产历史记录、工位不合格工件记录、返工数据。过程数据用于记录生产过程、原材料及产出物数量、问题原材料工件记录,生产订单下发及完成情况,方便生产追溯。

⑥系统日志:主要包含MES操作日志,当系统出现报警无法消除时,可查看系统日志,查找操作中可能出现的原因;也可根据系统操作日志反馈的问题,制定相应的操作流程。

2. 数据采集

生产数据是MES运行的前提,数据采集也就成为MES应用必不可少的环节。MES根据不同的生产情况、投料、设备、人员、工艺所产生的不同类型的数据,要采用不同的数据采集方式。常见的几种数据采集方式已经在第1章介绍,下面我们来进行深入的了解。

1) PLC类数据采集

PLC类数据采集是工业现场常见的数据采集方式,包含I/O(Input/Output,输入/输出)、信号采集、模拟量信号数据采集，这些数据经过 PLC 内部的逻辑运算用于设备控制或传输给 MES。PLC 的采集对象包含开关、按钮、温度传感器、压力传感器等设备，分部与现场各处的设备数据通过各种现场总线传输到 PLC 中。现场总线根据 PLC 品类不同而不同。常见的现场总线主要有 PROFINET、RS-485、CAN、EtherNet/IP、CC-Link 等。PLC 获取这些数据后通过 OPC（OLE for Process Control）服务、S7 服务等再次将数据传输至 MES。

2）组态软件类数据采集

组态软件又被称为组态监控软件系统软件，指一些数据采集与过程控制的专用软件。对于非数控类的采用 PLC 控制类的设备可以采用组态软件（组态王、力控组态等），直接读取在 PLC 中的相关信息，包括在 PLC 中保存的各种状态额 I/O 点信息和模拟量信息（如温度、压力等，只要在 PLC 中保存即可），然后采用计算机采集、处理数据，可实时输出各种曲线，从而提高设备的监控效果。

3）测量设备数据采集

在生产过程中常常需要对工件的加工精度、板料厚度、零件间隙等数据点进行检测，只有符合要求的零件才能被允许进入下一工位，这些检测数据会一直跟随零件完成各生产流程，每个零件的数据也会被记录到 MES 中，生成曲线图用以历史查询、加工优化。常用的测量设备有如下几种：称重类、长度/厚度/直径检测类、视觉检测类、刚/硬度检测类、弹性检测类等。在检测设备检测完成后，检测数据有两种去向，一是数据通过现场总线传输至 PLC 系统，PLC 系统根据这些结果进行合格或不合格判定，然后将数据传入 MES；二是将数据直接传输至 MES 系统进行分类汇总。

4）条码扫描枪

运用条码扫描枪获取零件数据也是常见的一种数据采集方式，扫描的数据类似键盘输入，当工件在打码工位完成打码后，后面的工位只需要使用条码扫描枪扫描工件码就可以获取工件的编号、加工完成情况等信息，扫码完成后的数据可以通过总线传输到 PLC 进行判断，对工件进行下一步操作，再通过 OPC 将数据传入 MES。也可以直接使用 MES 获取扫码内容，将数据直接传入 MES 数据库中。

5）RFID 读卡器

RFID 读卡器与条码扫描枪的功能类似，不同的是其读取的内容载体是 RFID 卡，这些卡一般不会被直接放置在工件上，而是被安装并固定在转运工件的托盘上。读卡器获取数据后会将数据传输至 PLC 或 MES。

3.1.2 现场总线技术

现场总线是应用于现场的控制系统与现场检测仪表、执行装置质检进行双向数字通信的串行总线系统，也有人把它称为应用于现场仪表与控制室主机系统质检的一种开放的、全数字的、双向的、多点的串行通信系统。国际电工委员会 IEC 61158 中给现场总线下了一个定义：安装在制造或过程区域的现场装置与控制室内的自动控制装置之间的数字式、串行、多点通信的数据总线。

现场总线的特点主要体现在两点，一是在体系结构上成功实现了串行连接，克服了并行连接的不足；二是在技术上成功解决了开放竞争和设备兼容量大的难题，实现了现场设备的高度智能化、互换性和控制系统的分散化。图 3-2 与图 3-3 分别为传统控制系统与现场总线控制系统。

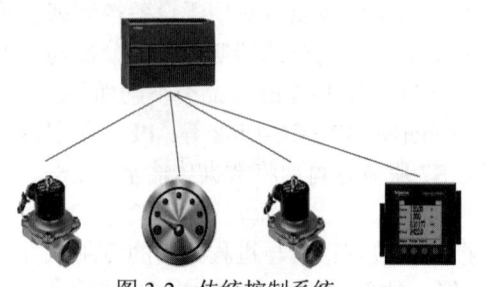

图 3-2　传统控制系统　　　　　　　图 3-3　现场总线控制系统

以下为常见的几种现场总线。

1. PROFINET 现场总线

PROFINET 是开放的、标准的、实时的工业以太网标准。作为基于以太网的自动化标准，它定义了跨厂商的通信、自动化系统和工程组态模式，支持创建端到端、集成过程并可配置的网络接口，实现所有层级的自动化生产，并最大化利用资源。

PROFINET 借助 PROFINET IO 实现了一种允许所有站随时访问网络的交换技术。PROFINET IO 是用于实现模块化、分布式应用的通信概念，通过多个节点的并行数据传输可以更有效地使用网络。PROFINET IO 以交换式以太网全双工操作和 100Mbit/s 带宽为基础，基于 PROFIBUS DP 的成功应用经验，并将常用的用户操作与以太网技术中的新概念相结合，确保 PROFIBUS DP 向 PROFINET 环境的平滑移植。

PROFINET 的特点如下。

（1）基于工业以太网建立开放式自动化以太网标准。尽管工业以太网和标准以太网组件可以一起使用，但工业以太网设备更加稳定、可靠，因此更适合被用于工业环境（温度、抗干扰等）中。

（2）使用 TCP/IP 和 IT 标准。

（3）实现有实时要求的自动化应用。

（4）全集成现场总线系统。

PROFINET IO 分为 IO 控制器、IO 设备、IO 监控器。PROFINET IO 控制器指用于对连接的 IO 设备进行寻址的设备。这意味着 IO 控制器将与分配的现场设备交换输入和输出信号。PROFINET IO 控制器通常是运行自动化程序的控制器。PROFINET IO 设备指分配给其中一个 IO 控制器（如远程 IO、阀终端、变频器和交换机）的分布式现场设备。PROFINET IO 监控器指用于调试和诊断的编程设备、PC 或 HMI（Human Machine Interface，人机接口）设备。

2. RS-485

智能仪表是随着 20 世纪 80 年代初单片机技术的成熟而发展起来的，现在世界仪表市场基本被智能仪表垄断。究其原因就是企业信息化的需要，企业在进行仪表选型时考虑的一个必要条件就是要具有联网通信接口。最初是数据模拟信号输出简单过程量，后来仪表接口是 RS-232 接口，这种接口可以实现点对点的通信方式，但这种方式不能实现联网功能。随后出现的 RS-485 解决了这个问题。RS-485 的特点如下。

（1）RS-485 的电气特性：采用差分信号正逻辑，逻辑"1"以两线间的电压差为+（2～6）V 表示；逻辑"0"以两线间的电压差为-（2～6）V 表示。接口信号电平比 RS-232-C 降低了，就不易损坏接口电路的芯片，且该电平与 TTL（Time To Live，生存时间）电平兼容，可方便与 TTL 电路连接。

（2）RS-485 的数据最高传输速率为 10Mbit/s。

（3）RS-485 接口是采用平衡驱动器和差分接收器的组合，抗共模干扰能力增强，即抗噪声干扰性好。

（4）RS-485 最大的通信距离约为 1219m，最大传输速率为 10Mbit/s，传输速率与传输距离成反比，传输速率越低，传输距离越长，如果需传输比 RS-485 最大通信距离更长的距离，需要加 RS-485 中继器。RS-485 总线一般最大支持 32 个节点，如果使用特制的 RS-485 芯片，可以达到 128 个或者 256 个节点，最大的可以支持 400 个节点。

3. CAN 总线

CAN（Controller Area Network，控制器局域网络）是由以研发和生产汽车电子产品著称的德国 BOSCH 公司开发的，并最终成为国际标准（ISO 11898），是国际上应用广泛的现场总线之一。在北美和西欧，CAN 总线协议已经成为汽车计算机控制系统和嵌入式工业控制局域网的标准总线，并且拥有以 CAN 为底层协议专为大型货车和重工机械车辆设计的 J1939 协议。

CAN 总线的特点如下。

1）多主控制

在总线空闲时，所有的单元都可以开始发送消息（多主控制），最先访问总线的单元可以获得发送权。多个单元同时开始发送时，发送高优先级 ID 消息的单元可以获得发送权。

2）消息的发送

在 CAN 协议中，所有的消息都以固定的格式发送。在总线空闲时，所有与总线相连的单元都可以开始发送新消息。两个以上的单元同时开始发送消息时，根据标识符（Identifier，ID）决定优先级。ID 并不是表示发送的目的地址，而是表示访问总线的消息的优先级。两个以上的单元同时开始发送消息时，对各消息 ID 的每个位进行逐个仲裁比较。仲裁获胜（被判定为优先级最高）的单元可以继续发送消息，仲裁失利的单元则立刻停止发送而进行接收工作。

3）系统的柔软性

与总线相连的单元没有类似"地址"的信息。因此，在总线上增加单元时，连接在总线上的其他单元的软硬件及应用层都不需要改变。

4）通信速度可调

根据整个网络的规模，可以设定适合的通信速度。在同一网络中，所有单元必须被设定成统一的通信速度。即使有一个单元的通信速度与其他的不一样，此单元也会输出错误信号，妨碍整个网络的通信。不同网络间则可以有不同的通信速度。

5）可以远程请求发送数据

可以通过发送"遥控帧"，请求其他单元发送数据。

6）拥有错误检测功能、错误通知功能、错误恢复功能

所有的单元都可以检测错误（错误检测功能）。检测出错误的单元会立即同时通知其他所有单元（错误通知功能）。正在发送消息的单元一旦被检测出错误，会强制结束当前的发送。强制结束发送的单元会不断反复地重新发送此消息，直到成功发送（错误恢复功能）。

7）故障封闭

CAN 总线可以判断出错误的类型是总线上暂时的数据错误（如外部噪声等），还是持续的数据错误（如单元内部故障、驱动器故障、断线等）。通过此功能，当总线上发生持续的数据错误时，可以将引起此故障的单元从总线上隔离出去。

8）多单元连接

CAN 总线是可以同时连接多个单元的总线。可连接的单元数理论上是没有限制的，但实际上可以连接的单元数受总线上的时间延迟及电气负载的限制。降低通信速度，可以使连接的单元数增加；提高通信速度，可以使连接的单元数减少。

4. EtherNet/IP

EtherNet/IP 是四个开放式网络标准（CompoNet、DeviceNet、ControlNet 和 EtherNet/IP）之一，它们都使用一个相同的应用层，即控制与信息协议。这种通用的应用层和开源软件及硬件接口允许实现从控制层之上的现场总线级到企业级的自动化组件的通用连接。除了带 I/O 模块、阀门、编码器、驱动器和控制器（PLC）的工厂自动化，EtherNet/IP 的主要应用领域是控制和企业层的联网。在 CIP 网络家族内，EtherNet/IP 覆盖的应用场合包括在网络中需要在平均周期时间（10ms～500ms 及以上）内实现中等到大量的数据交换，以及在运动控制应用中所见的低于 1ms 的短周期时间内记录中等的数据量。

EtherNet/IP 的特点：EtherNet/IP 支持 10Mbit/s 和 100Mbit/s 的数据传输速率。通常情况下，内置使用合适的（管理的）开关的星形拓扑结构，带有支持嵌入式开关的设备，也可以实现线形和环形拓扑结构。连接到 EtherNet/IP 网络的设备的数量仅取决于可用的 IP 地址空间。

5. CC-Link

CC-Link（Control&Communication Link，控制与通信链路系统）可以将控制和信息数据同时以 10Mbit/s 高速传送至现场网络，具有性能卓越、使用简单、应用广泛、节省成本等优点。CC-Link 不仅解决了工业现场配线复杂的问题，还具有优异的抗噪性能和兼容性。CC-Link 是一个以设备层为主的网络，也可以覆盖较高层次的控制层和较低层次的传感层。

CC-Link 的特点如下。

1）便于组建价格低廉的简易控制网

作为现场总线网络的 CC-Link 不仅可以连接各种现场仪表，还可以连接各种本地控制站 PLC 作为智能设备站。在各本地控制站之间通信量不大的情况下，采用 CC-Link 可以构成一个简易的 PLC 控制网，与真正的控制网相比，价格极为低廉。

2）便于组建价格低廉的冗余网络

一些领域对系统的可靠性提出了很高的要求，这时往往需要设置主站和备用主站构成冗余系统。虽然 CC-Link 是一个现场级的网络，但是提供了很多高一等级网络所具有的功能。例如，可以对其设定主站和备用主站，因为其造价低廉，所以性价比较高。

3.2 管理层数据采集

3.2.1 MES 通过 OPC 获取控制层数据

OPC 是自动化行业及其他行业用于数据安全交换时的互操作性标准。它独立于平台，并确保来自多个厂商的设备之间的信息无缝传输。

　　OPC 首次于 1996 年发行，其目的是把 PLC 特定的协议（如 Modbus、Profibus 总线等）抽象成为标准化的接口，作为"中间人"的角色把其通用的"读写"要求转换成具体的设备协议，反之亦然，以便 HMI/SCADA 系统可以对接。然而这也造就了整个行业内手工作坊的蓬勃兴起，通过使用 OPC 协议，终端用户就可以使用最好的产品来进行系统操作。

　　OPC 的核心是互通性和标准化问题。传统的 OPC 技术在控制级别很好地解决了硬件设备之间的互通性问题，在企业层面的通信标准化是同样需要的。OPC UA 之前的访问规范都是基于微软的 COM/DCOM 技术，这会给新增层面的通信带来不可根除的弱点。另外，传统的 OPC 技术不够灵活、平台局限等问题逐渐凸显，OPC 基金会（OPC Foundation）发布了新的数据通信统一方法，即 OPC 统一架构（OPC UA），涵盖了 OPC 实时数据访问规范（OPC DA）、OPC 历史数据访问规范（OPC HDA）、OPC 报警事件访问规范（OPC A&E）和 OPC 安全协议（OPC Security）的不同方面，但在其基础上进行了功能扩展。OPC UA 是在传统的 OPC 技术取得成功之后的又一个突破，使数据采集、信息模型化及工厂底层与企业层面之间的通信更加安全、可靠。

　　OPC UA 是一项开放标准，适用于从机器到机器间（M2M）的水平通信和从机器直到云端的垂直通信。该标准独立于供应商和平台，支持广泛的安全机制，并且可以与 PROFINET 共享同一工业以太网络。西门子 S7-1500PLC 具备 OPC UA 接口，我们以其为例进行讲解。S7-1500 的 OPC UA 服务器默认是禁用的，下面介绍如何启用 OPC UA 服务器：在 CPU 的属性常规界面选择 OPC UA 服务器"常规"选项，在弹出的界面中选中"激活 OPC UA 服务器"复选框，如图 3-4 所示。

图 3-4　激活 OPC UA 服务器

在运行系统许可证界面中选择所需的许可证类型，如图 3-5 所示。

图 3-5　运行系统许可证界面

在 OPC UA 服务器启用完成后，MES 即可通过此服务器获取 PLC 数据。

3.2.2　MES 通过 S7 通信协议获取控制层数据

　　以下以 MES 利用 Python 实现与 S7-1200 的通信为例进行介绍。Snap7 是一个用于处理 S7 以太网协议，与西门子 S7 系列 PLC 通信的开源通信组件，支持与 S7-200、S7-

200 Smart、S7-300、S7-400、S7-1200 及 S7-1500 的以太网通信。

（1）安装开源库 python-snap，将 PLC 的 IP 地址设置为与 PC 统一的网段。

（2）开发 Python 程序：主要通过 read_area 函数读取 PLC 数据，以下操作能读取 M 位存储区数据。

使用指令：read_area（area，dbnumber，start，size）。

area：用于区分 I、Q、M、DB 存储区，如图 3-6 所示。

图 3-6　area 参数

dbnumber：0。

start：起始地址。

size：读取长度。

如图 3-7 所示，读取 S7-1200 %MW2 的数据。

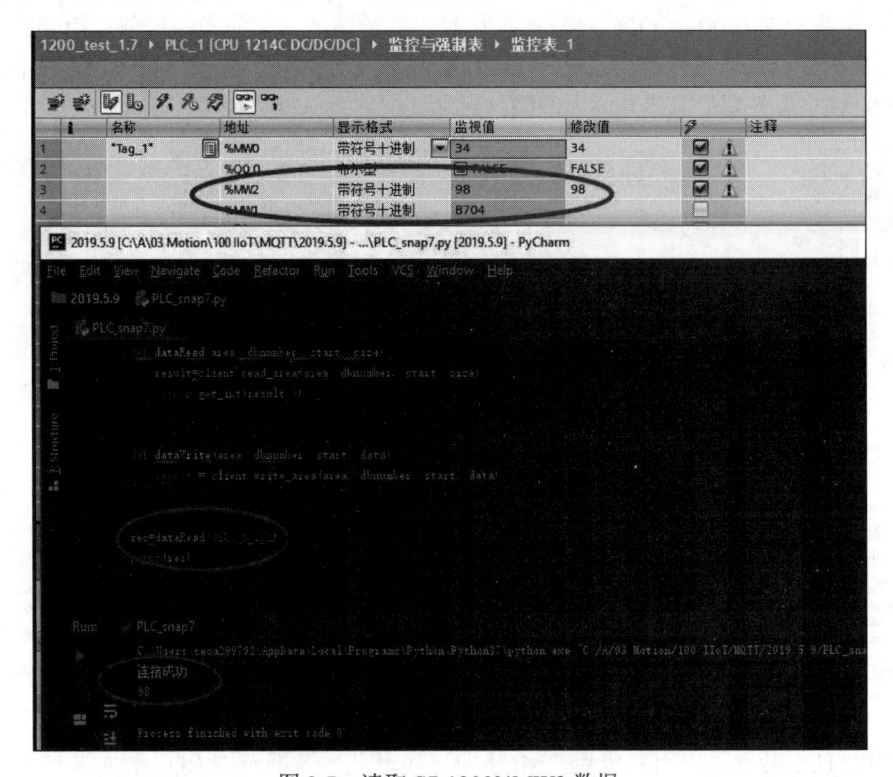

图 3-7　读取 S7-1200%MW2 数据

至此数据读取完成。

第 4 章 数据库

知识目标

1. 理解数据库的含义及分类。
2. 了解数据库管理的内容。
3. 了解数据库在 MES 中的作用。
4. 了解 MySQL 数据库工作原理。
5. 了解 MySQL 数据库安装和登录流程。
6. 了解 MySQL 数据库备份与恢复的意义。

学习内容

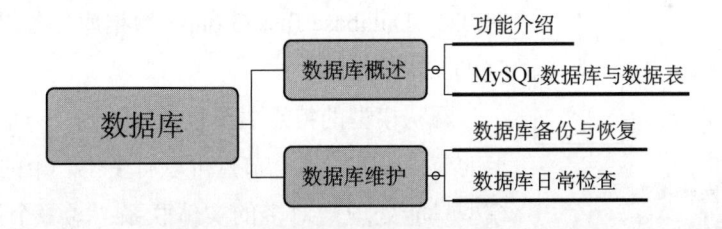

```
                        ┌── 功能介绍
        ┌── 数据库概述 ──┤
        │               └── MySQL数据库与数据表
数据库 ──┤
        │               ┌── 数据库备份与恢复
        └── 数据库维护 ──┤
                        └── 数据库日常检查
```

4.1 数据库概述

在当今社会,充分有效地管理和利用各类信息资源,是进行科学研究和决策管理的前提条件。数据库技术是管理信息系统、办公自动化系统、决策支持系统等各类信息系统的核心部分,是进行科学研究和决策管理的重要技术手段。

4.1.1 功能介绍

1. 数据库的含义及分类

1) 数据库的含义

数据库是存储、管理数据的容器,严格地说,数据库是"按照某种数据结构对数据进行组织、存储和管理的容器"。数据库的概念实际包括两层意思,首先,数据库是一个实体,它是能够合理保管数据的"仓库",用户在该"仓库"中存放要管理的事务数据,

"数据""库"两个概念结合成为数据库。其次，数据库是数据管理的新方法和技术，它能更合适地组织数据、更方便地维护数据、更严密地控制数据和更有效地利用数据。

2）数据库的分类

在数据库的发展历史上，数据库先后经历了层次数据库、网状数据库和关系型数据库等各阶段的发展，数据库技术在各方面得到快速发展。

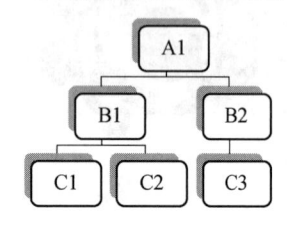

（1）层次数据库。层次模型是数据处理中发展较早、技术上也比较成熟的一种数据模型。层次数据库采用层次模型作为数据的组织方式，如图 4-1 所示。典型代表是 IBM（International Business Machines Corporation，国际商业机器公司）的 IMS（Information Management System，信息管理系统）。

图 4-1 层次模型

在层次模型中记录操作时应当遵循以下三条约束：①进行插入记录值操作时，如果没有指明相应的双亲记录值，则不能插入子女记录值；②进行删除记录操作时，如果删除双亲记录值，则相应的子女节点值也会同时被删除；③进行修改记录操作时，应修改所有相应记录，以保证数据的一致性。

由于层次结构的严格限制，对任何对象的查询必须始于其所在层次结构的根，低层次对象的处理效率较低，并难以进行反向查询。数据的更新涉及许多指针，插入和删除操作也比较复杂。父节点的删除意味着其所有子节点均被删除，必须慎用删除操作。

（2）网状数据库。许多事物之间的联系是非层次结构的，它们需要使用网状模型来表示，如图 4-2 所示。网状数据库系统采用网状模型作为数据组织方式，典型代表是 DBTG（Database Task Group，数据库任务组）系统，也称 CODASYL 系统。

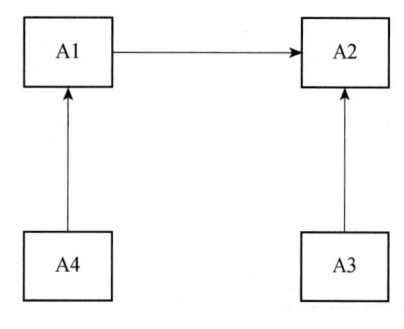

图 4-2 网状模型

网状模型的特点主要包括以下四个方面：①有一个以上的节点没有双亲，节点可以有多于一个的双亲；②网状模型只能处理一对多的实体联系；③每个记录类型定义一个排序字段，也被称为码字段；④任何记录值只有按其路径查看时，才能显示它的全部意义。

（3）关系型数据库。关系型数据库已经成为目前数据库产品中最重要的一员，20 世纪 80 年代以来，几乎所有的数据库厂商新出的数据库产品都支持关系型数据库，即使一些非关系数据库产品也几乎都有支持关系型数据库的接口。这主要是传统的关系型数据库可以比较好地解决管理和存储关系型数据的问题。常见的关系型数据库有 Oracle、SQL Server、DB2、MySQL。

关系型数据库通常包含诸多数据库对象，如表、视图、索引、函数、存储过程、触发器、事件等，这些数据库对象最终都是以文件的形式存储在外部存储设备上。关系型数据库采用表格的储存方式，数据以行和列的方式进行存储，读取和查询都十分方便。按照结构化的方法存储数据，每个数据表都先定义好表的结构，再根据表的结构存入数据，这是因为数据的形式和内容在存入数据之前就已经被定义好，所以整个数据表的可靠性和稳定性都比较高。关系型数据库采用结构化查询语言（Structured Query Language，SQL）来对数据库进行查询，SQL 早已获得了各数据库厂商的支持，成为数据库行业的标准，它能够支持数据库的增加、查询、更新、删除操作，具有非常强大的功能。SQL 可以采用类似索引的方法来加快查询操作。

2. 数据库管理

数据库管理的内容包含数据库的建立、数据库的调整、数据库的重组、数据库安全性控制与完整性控制、数据库的故障恢复、数据库监控等。

1）数据库的建立

数据库的建立包括两个部分，即数据模式建立及数据加载。在创建过程中需要经过需求分析、概念结构设计、逻辑结构设计（数据模型转换）、物理结构设计（存储结构和存取方法）、数据库创建等几个阶段。

2）数据库的调整

在数据库建立并经过一段时间运行后往往会产生一些不适用的情况，此时需要对其进行调整，数据库的调整一般由数据库管理员（Database Administrator，DBA）完成。

3）数据库的重组

数据库在经过一定时间运行后，其性能会逐步下降，下降的原因主要是不断地修改、删除与插入。基于这些原因需要对数据库进行重新整理，重新调整存储空间，此种工作被称为数据库重组。

4）数据库安全性控制与完整性控制

数据库是一个单位的重要资源，它的安全性是极端重要的，DBA 应采取措施保证数据不受非法盗用与破坏。此外，为保证录入数据库内的数据的正确性，需要有数据库完整性控制。

5）数据库的故障恢复

一旦数据库中的数据遭受损坏，就需要及时进行恢复，关系数据库管理系统（Relational Database Management System，RDBMS）一般提供此种功能，并由 DBA 负责执行故障恢复功能。

6）数据库监控

DBA 需要随时观察数据库的动态变化，并在发生错误、故障或产生不适应情况时随时采取措施；同时，还需要监视数据库的性能变化，在必要时对数据库进行调整。

3. 数据库在 MES 中的作用

数据库是 MES 运行的基础，系统运行的需求信息、过程信息、结果信息都需要由数据库管理。数据库在 MES 中的作用体现为以下几点。

（1）存储生产基础信息，包括账户信息、人员信息、物料信息、设备信息等。

（2）获取生产操作信息，包括订单下发信息、流程检测信息、执行层传输信息等。

（3）记录历史数据，包括生产历史记录、设备检修保养记录、产线设备启动记录、产量记录等。

（4）后端检索系统信息。

4.1.2 MySQL 数据库与数据表

MySQL 数据库是一个关系型数据库管理系统，由瑞典 MySQL AB 公司开发，属于 Oracle 旗下产品。MySQL 是目前流行的关系型数据库管理系统之一，在 Web 应用方面，MySQL 是较好的关系数据库管理系统应用软件之一。MySQL 数据库将数据保存在不同的表中，而不是将所有数据放在一个大仓库内，这样就加快了速度并提高了灵活性。MySQL

所使用的 SQL 语言是用于访问数据库的常用的标准化语言。MySQL 软件采用了双授权政策，分为社区版和商业版，由于其体积小、速度快、总体拥有成本低，尤其是开放源码这一特点，一般中小型网站的开发选择 MySQL 作为网站数据库。

1. MySQL 数据库工作原理

MySQL 是一个快速、多线程、多用户，基于客户机/服务器的关系型数据库管理系统，具有性能高效、跨平台支持、简单易用、开源、支持多用户的特点。MySQL 的工作流程如图 4-3 所示。

图 4-3　MySQL 的工作流程

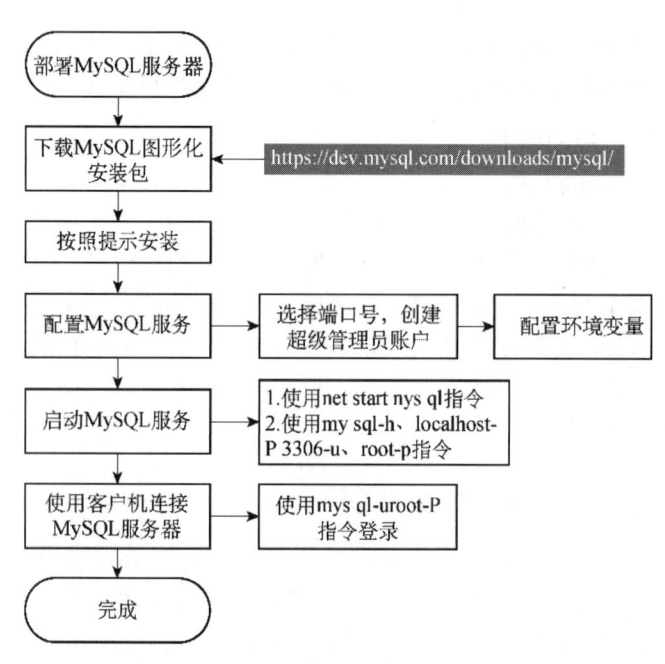

2. MySQL 数据库安装

MySQL 数据库安装和登录流程如图 4-4 所示，在网络中有详细的安装步骤，可以搜索参考。

图 4-4　MySQL 数据库安装和登录流程

在安装过程中，需要特别注意保存以下几项信息。
（1）安装包的版本号。
（2）安装路径，用于配置环境变量。
（3）端口号的设置。
（4）超级管理员账户。
（5）数据库名称。

3. 数据库操作

1）创建并查看数据库

（1）数据库创建的基本语法是"create database database_name"，在命令提示符窗口中输入"mysql> create database mydb;"，结尾以英文的";"结束，系统会自动创建数据库"mydb"，结果如图 4-5 所示。

（2）数据库创建完成后，我们可以通过"show database"查看 MySQL 服务实例上的所有数据库，结果如图 4-6 所示。

图 4-5　创建数据库　　　　　　　　图 4-6　查看数据库

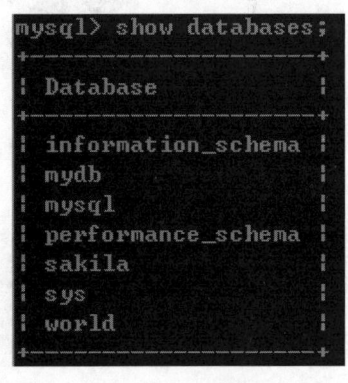

（3）在图 4-6 中的"mydb"为刚创建的数据库。"information_schema""performance_schema""mysql"数据库为系统数据库。

（4）使用 MySQL 语句"show create database database_name;"可以查看指定名称的数据库结构。在命令提示符窗口中输入"show create database mydb;"，可以查看刚创建的数据库"mydb"，结果如图 4-7 所示。

图 4-7　查看数据库"mydb"

2）选用数据库

（1）在进行数据库操作质检时，必须指定操作的是哪个数据库，使用"use database_name"即可选用指定名称的数据库。

（2）在命令提示符窗口中输入"use mydb;"，可以选用"mydb"数据库。当系统提示"Database changed"，表示数据库选用完成，结果如图4-8所示。

```
mysql> use mydb;
Database changed
```

图4-8　选用数据库

3）删除数据库

（1）删除数据库时，在MySQL中使用"drop database_name;"语句。

（2）在命令提示符窗口中输入"drop database mydb;"，可以删除"mydb"数据库，结果如图4-9所示。

```
mysql> drop database mydb;
Query OK, 0 rows affected (0.09 sec)
```

图4-9　删除数据库

（3）在命令提示符窗口中输入"show databases;"，可以查看"mydb"数据库是否被删除，结果如图4-10所示。

```
mysql> show databases;
+--------------------+
| Database           |
+--------------------+
| information_schema |
| mysql              |
| performance_schema |
| sakila             |
| sys                |
| world              |
+--------------------+
```

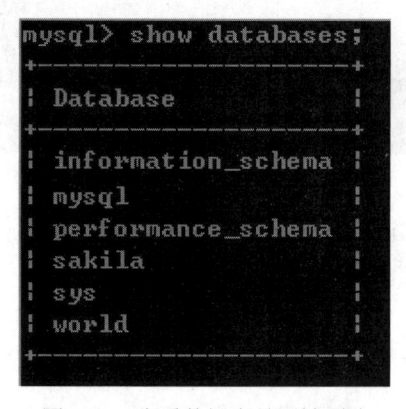

图4-10　查看数据库是否被删除

4. 数据表操作

1）创建数据表

（1）创建数据表是通过create table语句实现的，create table语句的语法格式如下：

mysql>create table table_name（字段1 数据类型［约束条件］，字段2 数据类型［约束条件］，……，字段 n 数据类型［约束条件］）其他选项（如存储引擎、字符集等选项）。

（2）创建数据表之前首先选用数据库，再次创建"mydb"数据库，然后选用。

（3）创建"mytable"数据表：在命令提示符窗口中输入"create table mytable〈no int，name char〈10〉，Primary key〈no〉〉;"，数据表字段"no"为主键，结果如图4-11所示。

```
mysql> create table mytable(no int,name char(10),Primary key (no));
Query OK, 0 rows affected (0.09 sec)
```

图 4-11　创建数据表

（4）使用 show tables 语句可以查看当前操作数据库所包含的所有数据表，如图 4-12 所示。

```
mysql> use mydb;
Database changed
mysql> show tables;
+------------------+
| Tables_in_mydb   |
+------------------+
| mytable          |
+------------------+
1 row in set (0.01 sec)
```

图 4-12　查看数据表

（5）使用 desc table_name 语句可以查看当前指定名称数据表结构。在命令提示符窗口中输入"desc mytable;"，可以查看"mytable"数据表结构，如图 4-13 所示。

```
mysql> desc mytable;
+-------+----------+------+-----+---------+-------+
| Field | Type     | Null | Key | Default | Extra |
+-------+----------+------+-----+---------+-------+
| no    | int(11)  | NO   | PRI | NULL    |       |
| name  | char(10) | YES  |     | NULL    |       |
+-------+----------+------+-----+---------+-------+
2 rows in set (0.00 sec)
```

图 4-13　查看数据表结构

（6）从数据表中可以看到"mytable"数据表中的两个字段及其数据类型、约束类型等信息。

2）复制数据表

（1）使用 like 语句复制数据表。在命令提示符窗口中输入"create table mytable1 like mytable;"，"mytable1"即为"mytable"的复制表。利用 desc 语句查看复制表结构，如图 4-14 所示。

```
mysql> create table mytable1 like mytable;
Query OK, 0 rows affected (0.13 sec)

mysql> desc mytable1;
+-------+----------+------+-----+---------+-------+
| Field | Type     | Null | Key | Default | Extra |
+-------+----------+------+-----+---------+-------+
| no    | int(11)  | NO   | PRI | NULL    |       |
| name  | char(10) | YES  |     | NULL    |       |
+-------+----------+------+-----+---------+-------+
2 rows in set (0.00 sec)
```

图 4-14　复制数据表 1

（2）使用 select * table_name 语句复制数据表。在命令提示符窗口中输入"create table mytable2 select * from mytable;"，"mytable2"即为"mytable"的复制表。利用 desc 语句查看复制表结构，如图 4-15 所示。

图 4-15 复制数据表（2）

3）修改数据表结构

（1）使用 add 语句添加字段。在命令提示符窗口中输入"alter table mytable1 add sex enum〈'男'，'女'〉;"，向"mytable1"中添加 sex 字段。使用 desc 查看数据表结构，如图 4-16 所示。

图 4-16 查看数据表结构

（2）使用 drop 语句删除字段。在命令提示符窗口中输入"alter table mytable1 drop sex;"，删除"mytable1"中的 sex 字段，如图 4-17 所示。

图 4-17 删除数据表字段

（3）使用 change 语句修改字段名。在命令提示符窗口中输入"alter table mytable1

change name name1 int;",将 name 字段修改为 name1 字段,然后使用 desc 查看表结构,如图 4-18 所示。

图 4-18 更改数据表字段(1)

(4)使用 modify 语句修改字段数据类型。在命令提示符窗口中输入"alter table mytable1 modify name1 char〈10〉;",将 name1 字段数据类型改为 char 类型,然后使用 desc 查看表结构,如图 4-19 所示。

图 4-19 更改数据表字段(2)

(5)使用 rename 语句修改表名称。在命令提示符窗口中输入"rename table mytable1 to mytable3;",然后使用 show tables 查看数据库中的数据表,如图 4-20 所示。

图 4-20 查看数据表

4)删除数据表

使用 drop 语句删除数据表。在命令提示符窗口中输入"drop table mytable2;",然后使用 show tables 查看数据库中的数据表,如图 4-21 所示。

图 4-21　删除数据表

5. 数据表记录基本操作

1）插入新记录

（1）使用 insert 语句向表中插入一条新记录。在命令提示符窗口中输入"use mydb;"，选用"mydb"数据库。

（2）在命令提示符窗口中输入"insert into mytable values〈'001'，'张三'〉;"，完成新记录的录入，如图 4-22 所示。

图 4-22　插入数据记录

（3）在录入完成之后，通过 select 指令查看表记录。在命令提示符窗口中输入"select * from mytable;"，即可查看 mytable 数据表中的所有记录，如图 4-23 所示。

图 4-23　查看数据表内容

2）修改、删除表记录

（1）使用 update 语句修改表中记录。在命令提示符窗口中输入"update mytable set name='李四' where name='张三';"，把记录 1 中的"张三"改为"李四"，如图 4-24 所示。

图 4-24　修改数据表内容

（2）使用 insert 语句插入一条记录。在命令提示符窗口中输入“insert into mytable values〈‘002’，‘王五’〉；”，如图 4-25 所示。

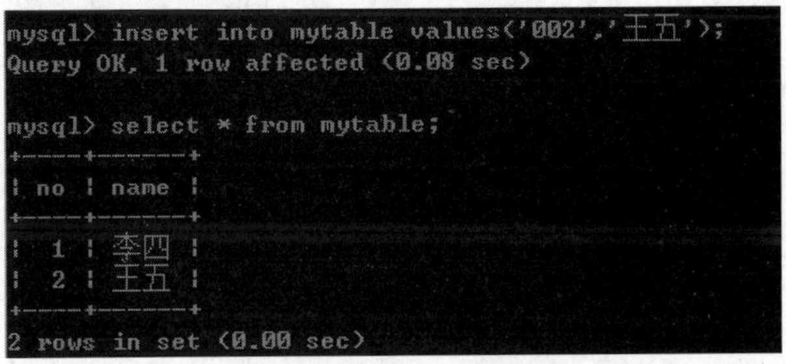

```
mysql> insert into mytable values('002','王五');
Query OK, 1 row affected (0.08 sec)

mysql> select * from mytable;
+----+------+
| no | name |
+----+------+
|  1 | 李四 |
|  2 | 王五 |
+----+------+
2 rows in set (0.00 sec)
```

图 4-25　插入数据表记录

（3）使用 delete 语句删除新添加的记录。在命令提示符窗口中输入“delete from mytable where name=‘王五’；”，删除完毕查看表记录，如图 4-26 所示。

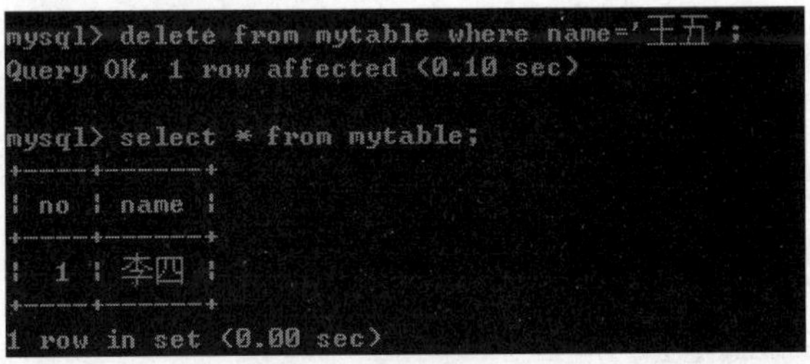

```
mysql> delete from mytable where name='王五';
Query OK, 1 row affected (0.10 sec)

mysql> select * from mytable;
+----+------+
| no | name |
+----+------+
|  1 | 李四 |
+----+------+
1 row in set (0.00 sec)
```

图 4-26　删除数据表记录

4.2　数据库维护

数据库维护在数据库创建完成后进行，主要包括数据库备份与恢复、数据库日常检查等。通过数据库维护，数据库管理人员可以及时处理系统错误、保证数据安全。

4.2.1　数据库备份与恢复

数据库在运行期间可能会遇到意外停电、硬盘损坏、误操作、宕机等情况，此时要确保数据库能够最大限度地恢复到“正确”状态。对数据库管理人员来说，放置数据时最简单的方法就是定期将原始数据进行备份，然后使用备份的数据恢复数据。

1. 数据库备份

1）使用 mysqldump 语句备份数据表

在命令提示符窗口中输入指令“mysqldump-uroot-p mydb mytable > C:\mytable.sql”，系统提示输入 MySQL 用户密码，如图 4-27 所示。备份完成后，打开 C 盘，可以看到根目录下的备份文件“mytable.sql”，如图 4-28 所示。

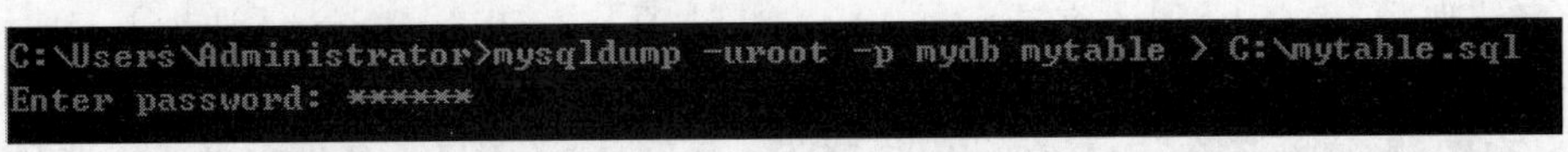

```
C:\Users\Administrator>mysqldump -uroot -p mydb mytable > C:\mytable.sql
Enter password: ******
```

图 4-27　备份数据表

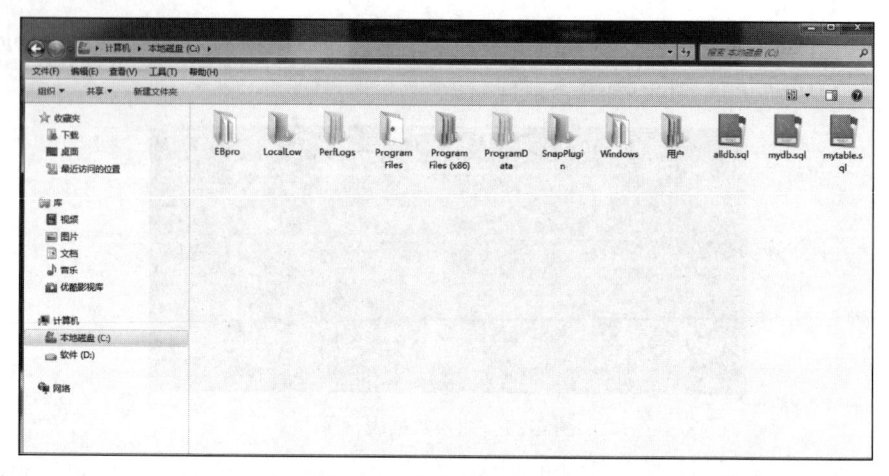

图 4-28 数据表备份文件

使用记事本打开"mytable.sql"文件,查看备份文件内容,如图 4-29 所示。

图 4-29 数据表备份文件内容

2)使用 mysqldump 备份数据库

mysqldump 是 MySQL 自带的逻辑备份工具,它的备份原理是通过协议连接到 MySQL,查询需要备份的数据并将其转换成对应的 insert 语句。当需要还原这些数据时,只要执行这些 insert 语句,即可将对应的数据还原。

命令格式如下:mysqldump[选项]数据库名[表名]>脚本名或 mysqldump[选项]--数据库名[选项 表名]>脚本名或 mysqldump[选项] --all-databases[选项]>脚本名。

(1)备份所有数据库:在命令提示符窗口中输入"mysqldump-uroot-p--all-databases>C:\alldb.sql",系统提示输入 MySQL 用户密码,如图 4-30 所示。备份完成后,打开 C 盘,可以看到根目录下的备份文件"alldb.sql",如图4-31所示。

图 4-30 备份所有数据库

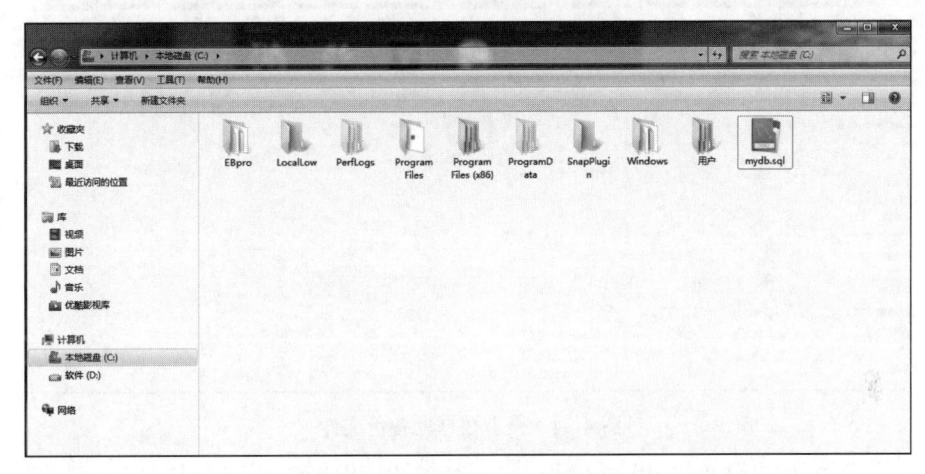

图 4-31 查看数据库备份文件

使用记事本打开"mydb.sql"文件,查看备份文件内容,如图4-32所示。

图 4-32 查看数据库备份文件内容

(2)备份指定数据库:在命令提示符窗口中输入"mysqldump-uroot-p--databases mydb > C:\mydb.sql",系统提示输入 MySQL 用户密码,如图4-33所示。备份完成后,打开C盘,可以看到根目录下的备份文件"alldb.sql",如图4-34所示。

图 4-33 指定数据库备份

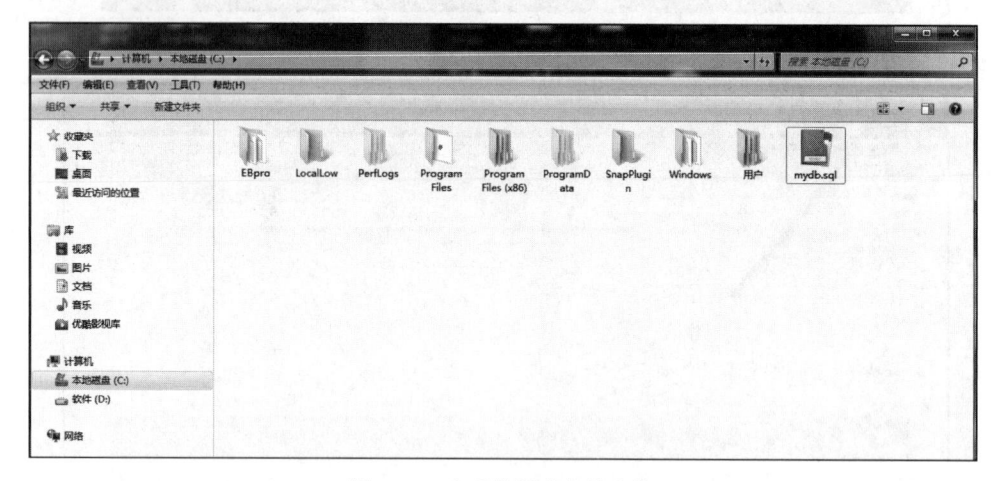

图 4-34 查看数据库备份文件

使用记事本打开"mydb.sql"文件，查看备份文件内容，如图 4-35 所示。

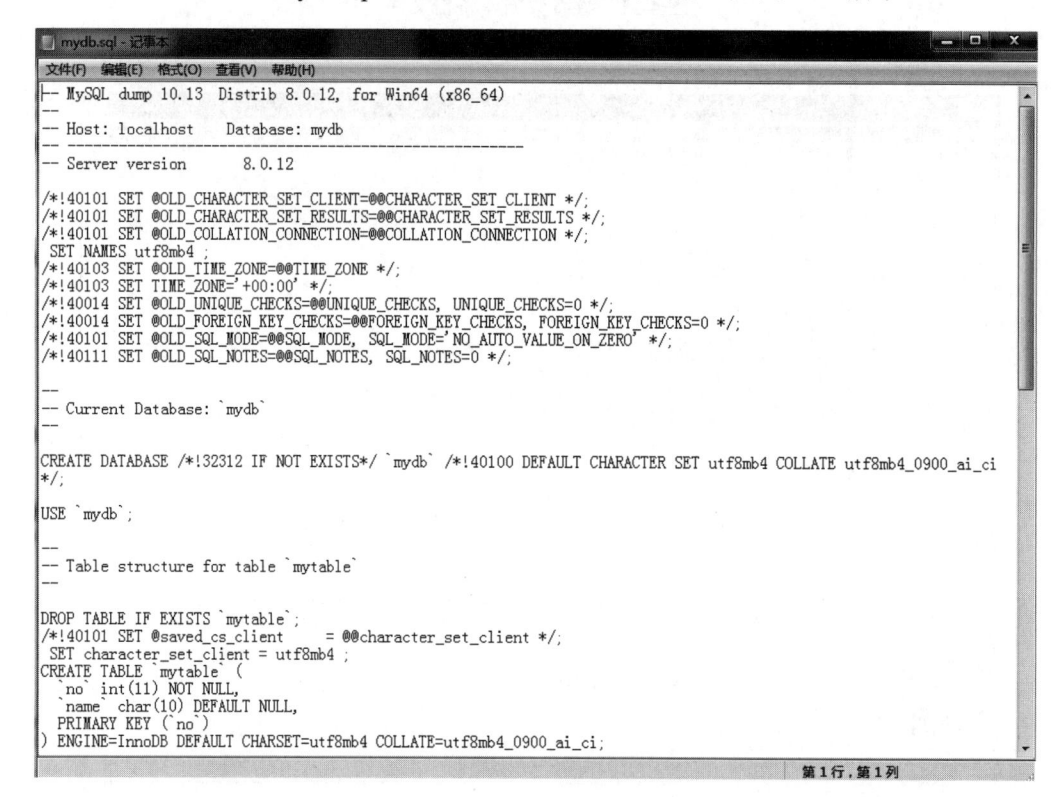

图 4-35 查看数据库备份文件内容

2. 数据恢复

1）使用 mysql 恢复数据表

（1）为查看恢复效果，恢复数据库之前首先删除现有同名数据库，在命令提示符窗口中登录 MySQL，启用数据库“mydb”，操作步骤如图 4-36 所示。

```
C:\Users\Administrator>mysql -uroot -p
Enter password: ******
Welcome to the MySQL monitor.  Commands end with ; or \g.
Your MySQL connection id is 20
Server version: 8.0.12 MySQL Community Server - GPL

Copyright (c) 2000, 2018, Oracle and/or its affiliates. All rights reserved.

Oracle is a registered trademark of Oracle Corporation and/or its
affiliates. Other names may be trademarks of their respective
owners.

Type 'help;' or '\h' for help. Type '\c' to clear the current input statement.

mysql> use mydb
Database changed
```

图 4-36　启用“mydb”数据库操作步骤

（2）删除“mydb”数据库中的“mytable”数据表，如图 4-37 所示。

```
mysql> drop table mytable;
Query OK, 0 rows affected (0.09 sec)
```

图 4-37　删除“mytable”数据表

（3）查看“mydb”数据库内容，如图 4-38 所示。

```
mysql> show tables;
+----------------+
| Tables_in_mydb |
+----------------+
| mytable3       |
+----------------+
1 row in set (0.00 sec)

mysql> ^Q^Q_
```

图 4-38　查看“mydb”数据库内容

（4）重新打开命令提示符窗口，输入“mysql -uroot -p mydb < C:\mytable.sql”，可以恢复被删除的数据表，如图 4-39 所示；输入“mysql > show tables;”，可以查看恢复的数据表，如图 4-40 所示。

```
C:\Users\Administrator>mysql -uroot -p mydb  < C:\mytable.sql
Enter password: ******
```

图 4-39　恢复被删除的数据表

```
mysql> show tables;
+----------------+
| Tables_in_mydb |
+----------------+
| mytable        |
| mytable3       |
+----------------+
2 rows in set (0.00 sec)

mysql> desc mytable;
+-------+----------+------+-----+---------+-------+
| Field | Type     | Null | Key | Default | Extra |
+-------+----------+------+-----+---------+-------+
| no    | int(11)  | NO   | PRI | NULL    |       |
| name  | char(10) | YES  |     | NULL    |       |
+-------+----------+------+-----+---------+-------+
2 rows in set (0.00 sec)
```

图 4-40　查看被恢复的数据表

2）使用 mysql 恢复数据库

与数据表操作方法类似，在命令提示符窗口中输入"mysql-uroot-p mydb<C:\mydb.sql"，即可完成数据库的恢复，如图 4-41 所示。需要注意的是，数据库恢复前需要确定数据库"mydb"存在，即使是空数据库，否则需要新建一个数据库。

```
C:\Users\Administrator>mysql -uroot -p mydb < C:\mydb.sql
Enter password: ******
```

图 4-41 恢复数据库

4.2.2 数据库日常检查

1. mysqlcheck 命令检查

mysqlcheck 命令可以用来检查、分析、优化、修复表。mysqlcheck 命令可以在数据库运行的状态下运行，也就是不用停止服务即可进行操作。

mysqlcheck 命令格式如图 4-42 所示。

```
C:\Users\wjsh>mysqlcheck [OPTIONS] database [tables]
```

图 4-42 mysqlcheck 命令格式

其中，OPTIONS 为常用连接参数，OPTIONS 参数表功能如表 4-1 所示。

表 4-1 OPTIONS 参数表功能

变量	参数符号	说明
OPTIONS	-u	连接 MySQL 的用户
	-p	连接 MySQL 用户的密码
	-a	分析表
	-c	检查表
	-o	优化表
	-r	修复表

mysqlcheck 命令在 MySQL 安装目录的"bin"目录下。具体路径以软件的安装路径为准，以后执行该命令均指在该路径下进行。

（1）使用"-u""-p"参数登录 root 用户，使用"-c"参数检查 MySQL 服务器下所有数据库中的表。在命令提示符窗口中执行命令，提示输入密码时输入正确的密码。"-c"参数检查命令如图 4-43 所示。

```
mysqlcheck -u root -p -A -c
```

图 4-43 "-c"参数检查命令

（2）使用"-a"参数分析所有数据库中的表。在命令提示符窗口中执行命令，提示输入密码时请输入正确的密码。分析数据库中表指令如图 4-44 所示。

```
>mysqlcheck -u root -p root -a -A
```

图 4-44 分析数据库中表指令

(3)使用"-c"参数检查 xk 数据库中的表。

①检查 xk 数据库中的所有表。在命令提示符窗口中执行命令,提示输入密码时输入正确的密码。检查 xk 数据库命令如图 4-45 所示。

```
mysqlcheck -u root -p -c -B xk
```

图 4-45　检查 xk 数据库命令

②检查 xk 数据库中的 student 表。在命令提示符窗口中执行命令,提示输入密码时输入正确的密码。检查 xk 数据库中的 student 表命令如图 4-46 所示。

```
mysqlcheck -u root -p root -c xk student
```

图 4-46　检查 xk 数据库中的 student 表命令

(4)使用"-o"参数优化 xk 数据库中的 student 表。在命令提示符窗口中执行命令,提示输入密码时输入正确的密码。优化 xk 数据库中的 student 表命令如图 4-47 所示。

```
mysqlcheck -u root -p root -o xk student
```

图 4-47　优化 xk 数据库中的 student 表命令

(5)使用"-r"参数修复 xk 数据库中的 student 表。在命令提示符窗口中执行命令,提示输入密码时输入正确的密码。修复 xk 数据库中的 student 表命令如图 4-48 所示。

```
mysqlcheck -u root -p root -r xk student
```

图 4-48　修复 xk 数据库中的 student 表命令

2. 常用性能优化

MySQL 性能优化,一方面指通过调整系统参数、合理安排资源,使 MySQL 的运行速度更快,更加节省资源;另一方面,也指优化通常使用的 SQL 语句,尤其是查询语句,提高 MySQL 的性能。MySQL 性能优化的基本原则是减少系统瓶颈和占用资源数量,提高系统反应速度。

以下列出一些常用的性能优化策略,以提供更大负荷的服务。

(1)对查询进行优化,应尽量避免全表扫描,首先应考虑在 WHERE 及 ORDER BY 涉及的列上建立索引。

(2)应尽量避免在 WHERE 子句中对字段进行 NULL 值判断,创建表时 NULL 是默认值,但应尽可能使用 NOT NULL。

(3)应尽量避免在 WHERE 子句中使用"!""=""<"">"等操作符。

(4)应尽量避免在 WHERE 子句中使用 OR 来连接条件,否则将导致引擎放弃使用索引而进行全表扫描,可以使用 UNION 合并查询来替换 OR 语句。

(5)慎用 IN 和 NOT IN,否则会导致全表扫描。

(6)应尽可能地避免更新 CLUSTERED 索引数据列,因为 CLUSTERED 索引数据列的顺序是表记录的物理存储顺序,一旦该列值改变将导致整个表记录的顺序被调整,会耗费相当大的资源。

（7）尽量避免向客户端返回大数据量，若数据量过大，应该考虑相应需求。

（8）使用临时表暂存中间结果。将临时结果暂存在临时表，可以避免多次扫描主表，也大大减少了在程序执行中"共享锁"阻塞"更新锁"，从而提高了并发性能。

（9）可以在一些 SQL 查询语句中加"nolock"，这样读的时候可以允许写，但缺点是可能读到未被提交的脏数据。查询的结果如果用于增、删、改，不要加"nolock"；能采用临时表提高并发性能的，不要加"nolock"。

（10）提高 GROUP BY 语句的效率，可以通过将不需要的记录在 GROUP BY 之前过滤。

（11）使用慢查询日志发现慢查询，使用执行计划判断查询是否正常运行，多测试查询并观察它们是否运行在最佳状态，久而久之性能总会变化。

（12）在所有的存储过程和触发器的开始时设置 SET NOCOUNT ON，在结束时设置 SET NOCOUNT OFF。

参考文献

[1] 彭振云，高毅，唐昭琳. MES 基础与应用[M]. 北京：机械工业出版社，2019.

[2] 王华忠. 监控与数据采集（SCADA）系统及其应用[M]. 2版. 北京：电子工业出版社，2012.

[3] 何国强. 制药行业制造执行系统实施手册[M]. 北京：化学工业出版社，2016.

[4] 王琦峰. 面向服务的制造执行系统理论与应用[M]. 杭州：浙江大学出版社，2012.

[5] 孔祥盛. MySQL 数据库基础与实例教程[M]. 北京：人民邮电出版社，2014.

[6] 王爱民. 制造执行系统（MES）实现原理与技术[M]. 北京：北京理工大学出版社，2014.

[7] 黄培. MES 选型与实施指南[M]. 北京：机械工业出版社，2020.

[8] 刘小棠，杨涛. 车间管理与 MES 的基础应用[M]. 成都：西南交通大学出版社，2020.

[9] 吴爱华，赵馨智. 生产计划与控制[M]. 北京：机械工业出版社，2019.